Wahre Geschichten
UM
AUGUST DEN STARKEN

Aufgeschrieben und herausgegeben
von Dieter Nadolski

TAUCHAER VERLAG

WAHRE GESCHICHTEN NR. 02

Nadolski, Dieter:
Wahre Geschichten um August den Starken / Dieter Nadolski. –
1. Aufl. – [Taucha]: Tauchaer Verlag, 1991.
ISBN 3-910074-00-6

© 1991 by Tauchaer Verlag
Satz, Reproduktion und Druck:
Graphischer Betrieb Jütte, Leipzig
Buchbinderei:
Kunst- und Verlagsbuchbinderei GmbH i. A.
Printed in Germany
ISBN 3-910074-00-6

INHALT

Vorwort 7

Ein schicksalhafter Kuß 11

Die Folgen einer Kavalierstour 20

Golddukaten für die Königskrone 33

Eine Ohnmacht beim Ritterturnier 43

Dichtung und Wahrheit
einer Bekanntschaft 52

Eine Geburtstagsüberraschung 63

Das nackte Entsetzen 70

Der Leibbarbier und sein König 79

Quellenverzeichnis 89

Bildnachweis 92

VORWORT

Am 1. Februar 1733 verstarb in Warschau ein Mann, der ob seiner Sinneslust schon zu Lebzeiten bei vielen Zeitgenossen Aufsehen hervorrief. Die Rede ist von Friedrich August I., Kurfürst in Sachsen, und als August II. seit 1697 König von Polen. Die tatsächlichen und mehr noch die vermutlichen amourösen Abenteuer des Grandseigneurs zogen Berichterstatter aller Couleurs in seine Residenz, unter anderem im Jahr 1729 den Freiherrn Karl Ludwig von Pöllnitz, der mit seinem Buch »Der verschwenderische Liebhaber oder Das galante Sachsen« vor mehr als zweieinhalb Jahrhunderten viele Leser ergötzte. Die in Dichtung und Wahrheit beschriebenen Begebenheiten am sächsischen Hof mögen nicht wenig dazu beigetragen haben, daß der Herrscher aus dem Geschlecht der Wettiner schon bald nach seinem Tod einen legendären Ruf erlangte. Als gar der Beiname »der Starke« aufkam, beflügelte dies die Phantasie des Publikums enorm und führte zu mancher weiterer Mähr.

Der am 12. Mai 1670 vormittags gegen neun Uhr auf die Welt gekommene zweite Sohn des kurfürstlichen Paares Johann Georg III. und Anna Sophia ist ungeachtet aller Legenden bis auf den heutigen Tag von ungewöhnlich großem Interesse. Manche meinen, für den im Zeichen des Stiers Geborenen hätten die Sterne seine Eigenschaften vorausbestimmt. Bei entsprechenden Konstellationen sollen die Stiermenschen lebenslustig sein, ungestüm und voller Leidenschaft auf ihr Ziel losstürmen und sich durch eine kräftige physische Konstitution auszeichnen. In unseren Geschichten erzählen wir von Ereignissen, die wahrhaftig von Fröhlichkeit, Entschlossenheit und von Glut und Inbrunst des Landesherrn künden, aber wir berichten auch davon, welche höchst irdischen Überlegungen die Vorgänge auslösten.

Was freilich die körperliche Kraft anbelangt, so mag August der Starke allerbeste Voraussetzungen vom Geschick bereits mit in die Wiege gelegt bekommen haben. So überstand er als junger Bursche einige nennenswerte Krankheiten, etwa die nicht selten tödlich verlaufenden Blattern. Bei einer für jene Zeit stattlichen Körpergröße von 176 cm wog er zuweilen 260 sächsische Pfund. Das sind annähernd zweieinhalb Zentner (exakt 121,4 kg). Größe und Gewicht in ein Verhältnis gesetzt verdeutlichen, daß der kernige Charmeur mitunter – vor allem um das zweiundvierzigste Lebensjahr herum – ein geradezu fetter Mann war. Aber abgesehen davon, August der Starke verfügte weiß Gott über ungewöhnliche körperliche Kräfte. Etwa aus jener Zeit, während der er viel zu dick war, ist das Zerbrechen eines Hufeisens mit den bloßen Händen urkundlich belegt. Auch Beispiele dafür, daß er einen starkwandigen silbernen Teller wie ein Blatt Papier zusammenrollte oder einen Eisenstab schraubenähnlich krümmte, sind bekannt. In ein solches Bild körperlicher Kraft paßt natürlich gut die Fiktion von 365 unehelichen Kindern, die durch nichts bewiesen ist. Daß er mit fünf Mätressen acht Kinder zeugte ist hingegen mehrfach besiegelt, vor allem natürlich dank der Legitimierung der jeweils vier Söhne und Töchter durch den Vater selbst.

Von einigen der Mätressen wird in den folgenden Episoden erzählt. Diese und alle anderen wiedergegebenen Geschichten sind gemäß dem Titel unseres Werkes so gehalten, daß sie de facto wahr sind. Der eine oder andere Begleitumstand ist in genereller Hinsicht historisch stimmig. Hin und

Hufeisen, von August dem Starken mit freier Hand zerbrochen. Staatliche Kunstsammlungen Dresden, Historisches Museum.

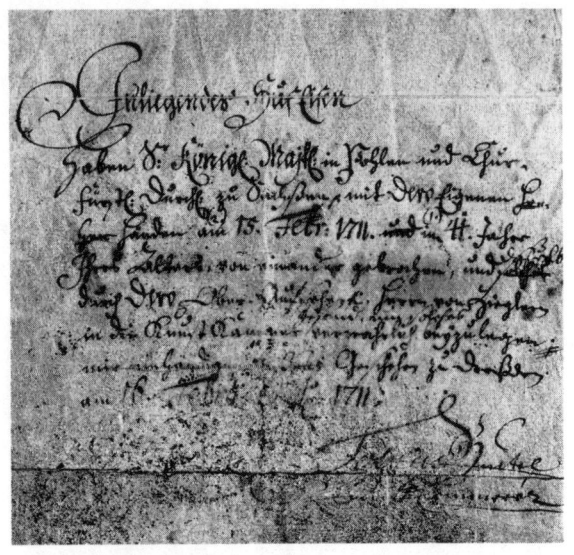

*Urkunde vom 16. Februar 1711 über das von
August dem Starken zerbrochene Hufeisen.
Staatliche Kunstsammlungen Dresden, Historisches Museum.*

wieder beschriebene Emotionen des großen Sachsen, seiner Minister und Geliebten sind der Situation entsprechend dargestellt. Der Möglichkeit, sich in diesem Bereich irren zu können, ist sich der Autor durchaus bewußt.

Besondere historische Kenntnisse sind zum Verständnis der »Wahren Geschichten« nicht erforderlich. So hoffen wir, daß auch jene, die August nur dem Namen nach kennen, das Büchlein mit Gewinn aufnehmen können.

EIN SCHICKSALHAFTER KUSS

Das Geschirr auf der Tafel klirrte, und die Dienerschaft im Speisesaal des Dresdener Schlosses zuckte erschrocken zusammen. Stirnrunzelnd tadelte Kurfürst Johann Georg II. den Knaben Friedrich August ob seines jähzornigen Aufstampfens mit dem Fuß. Nein, trotz des spontanen Wutausbruchs konnte der Großvater nur bestätigen, daß sein Enkel von dem für die standesgemäße Erziehung verantwortlichen Johann Ernst von Knoch richtig belehrt worden war: Seit der Goldenen Bulle Kaiser Karls IV. von 1356 galt in nahezu allen Teilen der kurfürstlichen Lande die Primogenitur, das Vorzugsrecht des Erstgeborenen bei der Erbfolge. Mochte es sich der erst Neunjährige noch so sehr wünschen und erträumen, einstmals an der Spitze Kursachsens zu stehen und sich dafür als viel geeigneter ansehen als seinen zwei Jahre älteren Bruder – so wie die Dinge nun einmal lagen, sah es wahrhaftig nicht so aus, als könnte sich Friedrich August irgendwann einmal mit dem machtverheißenden Kurhut schmücken.

Der Großvater erklärte: Da war zunächst noch er, der sechsundsechzigjährige, am Regieren, und er denke doch, das werde noch etliche Jährchen gehen. Dann käme sein 1647 geborener Sohn zur Kurwürde und in weiter Ferne dann schließlich dessen Erstgeborener. Würde der nach vielen Jahrzehnten das

Zeitliche segnen, sei wohl inzwischen ein Johann Georg V. geboren und dieser dann Herr im Lande.

So jedenfalls dachte sich die Sache der Großvater. Friedrich August murrte noch ein wenig vor sich hin, wenn auch mehr darum, weil er den trägen Bruder nicht sonderlich mochte. Als die Süßspeise serviert wurde, war die Stimmung schon wieder in bester Ordnung. Wie oft im Leben entwickelten sich die Dinge anders als vorgesehen; ein Kuß sollte gewissermaßen schicksalhaft sein.

Die gedachte Entwicklung wurde fürs erste dadurch korrigiert, daß Johann Georg II. bereits 1680 verstarb. Sein Sohn, Johann Georg III. (Friedrich Augusts Vater) zählte nur 44 Jahre, als er 1691 verschied. Es sei hier als Merkwürdigkeit für die späteren Geschehnisse festgehalten, was die Ursache seines frühen Endes war. Johann Georg III. war aus Furcht vor der Ansteckung durch die in der Residenzstadt Dresden umgehende Pest in das nahegelegene Freiberg gereist, um dort auf Schloß Freudenstein das Ende der Seuche abzuwarten. Hier nun erwischten ihn die Blattern, wie die tödlich wirkenden Pocken allgemein genannt wurden.

Das Testament des Verstorbenen war, einer Gewohnheit der Zeit folgend, schon längst geschrieben. Es fand sich wohlversiegelt in einer eichenen Truhe im Schloß. Friedrich August hatte lediglich zu interessieren, was ihm sein seliger Vater zugedacht hatte. Daß sein älterer Bruder Johann Georg IV. neuer Landesherr wurde, stand bekanntlich unkorrigierbar fest. Nach der Offenlegung des

Testaments zeigte sich Friedrich August halbwegs zufrieden. Bei freier, standesgemäßer Wohnung als »Herzog von Sachsen« wurden ihm jährlich 50 000 Taler zugebilligt. Nun mußte er sehen, wie es sich damit leben ließ und ob vielleicht beim kurfürstlichen Bruder noch etwas locker zu machen war.

Johann Georg IV. war mit einer sechs Jahre älteren Frau, mit der Witwe des Markgrafen Johann Friedrich von Brandenburg–Ansbach, verheiratet. Die Ehe war und blieb kinderlos. Bei aller Freude der Ehefrau über die neue Würde und Macht des Herrn Gemahls grämte sie sich zunehmend mehr, daß es der Kurfürst mit der ehelichen Treue nicht so genau hielt. Als erfahrene Frau wußte sie zwar Seitensprünge, die am Hofe gang und gäbe waren, durchaus zu verkraften. Was sie aber seit einiger Zeit erlebte, war nicht allein das lustvolle Verhältnis eines Mannes zu einer Frau, sondern offensichtlich eine tiefe Liebesbeziehung.

Was war geschehen? Einem Mann mit wachen Sinnen mußte unbedingt ein solches weibliches Geschöpf auffallen, wie es die 1675 geborene Sibylla Magdalena von Neitschütz war. Ein formvollendeter Körper, natürlicher Charme im Auftreten und Liebreiz in der Stimme, und nicht zuletzt trotz der Jugend schon ausgeprägte Raffinesse im Denken und Handeln, alles das war nicht zu übersehen. Bald fiel sie auch Kurfürst Johann Georg IV. auf, der sich fortan um das wunderschöne Mädchen bemühte und ihm seine Gunst bezeugte. Das Bemühen war rasch vom Erfolg gekrönt, wie es auch Bruder Friedrich August mit ein wenig Neid registrierte. Ihm gefiel natürlich Sibylla Magdalena auch, aber die Würfel waren längst gefallen. So konnte er sich nur noch darauf beschränken, bei den immer häufiger werdenden Eifersuchtsszenen zwischen den kurfürstlichen Ehepartnern beschwichtigend zu wirken, sofern er dazu Gelegenheit bekam. Eine eigene Chance, die Liebe der Sibylla auf sich selbst zu lenken, sah er freilich nicht mehr. Ausgestattet mit der neuen Machtfülle und in grenzenloser Liebe entbrannt, vermochte Johann Georg seine Mätresse mit großzügigen Geschenken an sich zu binden. Dazu gehörte das Gut Pillnitz, das von ihm ausschließlich zu dem Zweck erworben worden war, es Sibylla Magdalena zu Füßen zu legen. 1693 brachte er es sogar zuwege, die Geliebte zur Reichsgräfin von Rochlitz erheben zu lassen. Zu jener Zeit wollte der Kurfürst unbedingt, daß die Umwelt die schöne Neitschütz als seine eigentliche Ehefrau ansah. Wie sehr er an dem jungen Geschöpf hing, bezeugte nicht nur sein Bekenntnis zu ihr in aller Öffentlichkeit, sondern auch die ganz und gar ungewöhnliche Tatsache, im Jahr 1693 die mittlerweile hochschwangere junge Frau im Pfälzischen Krieg mit auf einen Feldzug zu nehmen. Die große Liebe wurde nicht im geringsten durch die Geburt einer Tochter statt des erhofften Sohnes getrübt – das ganze reiche Leben schien ja noch vor den beiden zu liegen.

Im Frühjahr 1694 klagte Sibylla über Rückenschmerzen und Erbrechen. Der Kurfürst ahnte nicht, daß seine Geliebte an den Blattern erkrankt war. Die Fleckenbildung auf der Haut nahm die Erkrankte die ersten Tage nicht besonders tragisch. Mit etwas dicker aufgetragenem Rouge wurde der Makel erfolgreich übertüncht. Was für ein riesiges Entsetzen, als sich statt der erhofften Schwanger-

Das Residenzschloß in Dresden.
Kupferstich von Johann Alexander Böner. 1680.

schaft die Wahrheit herausstellte. Der Kurfürst war außer sich und wollte es nicht glauben, daß ein so großartiges Geschöpf krank sein konnte. Tage- und nächtelang saß er an ihrem Bett. Am 4. April verstarb Sibylla Magdalena von Neitschütz. Der Kurfürst war kaum von der Verstorbenen zu trennen. Vergeblich bemühte er sich, der Geliebten mit einem innigen Kuß neues Leben einzuhauchen, vergeblich beteuerten die Medizingelehrten, der Tod sei nicht zu verhindern gewesen. Johann Georg konnte sich mit dem Ende der nur Neunzehnjährigen nicht abfinden. Nach seinem Verstand und Gefühl mußte etwas nicht mit rechten Dingen zugegangen sein. Es mag sein, daß ihn jemand aus der intriganten Hofgesellschaft auf die in Italien wirkende berühmt-berüchtigte Giftmischerin Teofania di Adamo aufmerksam machte. Das von ihr gebraute und von ihren Schülerinnen weiterentwickelte Giftwasser »Aqua Tofana« mit einer Spur darin enthaltenen Arseniks löste manche Probleme. Warum sollte eine eifersüchtige Ehefrau hier nicht ihre Hand im Spiel gehabt haben? Schnurstracks ordnete Johann Georg die Autopsie der Leiche an und befahl, mit allergrößter Sorgfalt nach den Spuren eines Giftes zu suchen. Ein paar der besten Ärzte machten sich ans Werk, natürlich wider besseres Wissen. Zu eindeutig waren die Krankheitssymptome und damit die Todesursache. Gefunden wurde selbstverständlich nichts, so daß endlich vom Landesherrn die Einwilligung zum Begräbnis kam.

*Jugendbildnis des Prinzen Friedrich August
im Alter von etwa 15 Jahren.
Gemälde eines unbekannten Meisters. Um 1685.
Barockmuseum Schloß Moritzburg.*

Die Bestattung der Verstorbenen fand am 12. April 1694 statt. Auch Friedrich August nahm daran teil; er ahnte noch nicht, daß nunmehr für ihn der Weg an die Spitze des Kurfürstentums ganz nahe war.

Den die Einsamkeit suchenden Johann Georg hielt es nicht im Schloß. Selbst das schlechte Aprilwetter brachte ihn nicht von Spaziergängen hinaus in die Dresdener Umgebung ab. Hier konnte er sich in Erinnerungen verlieren und seinen Verlust beklagen. Seine Ausflüge fanden ein jähes Ende. Beim dritten oder vierten Mal packte ihn plötzlich ein intensiver Schüttelfrost. Nur mit allergrößter Mühe schleppte er sich zurück in das Schloß. Die herbeigerufenen Ärzte registrierten hohes Fieber, das gegen Abend bedrohlich anstieg. Nun zeigten sich auch Knötchen an verschiedenen Stellen des Körpers. Die Diagnose war leider nur allzu klar: Kurfürst Johann Georg IV. hatte sich am Totenbett seiner Geliebten Sibylla Magdalena von Neitschütz angesteckt. Schleunigst wurde sein Bruder verständigt. Friedrich August eilte herbei, und auch für ihn gab es keinen Zweifel an der Krankheit. Die äußeren Anzeichen zu erkennen fiel ihm nicht schwer, denn vor vier Jahren war er selbst von den Blattern betroffen gewesen. So wußte er allerdings auch, daß die Krankheit nicht unbedingt zum Tode führen mußte. Am Sterbebett seines Bruders stehend, gab es für Friedrich August noch längst keinen Anlaß, über die Möglichkeit des eigenen Regierens nachzudenken. Man darf ihm durchaus Glauben schenken, wenn er später einmal berichtete, er sei auf das Regieren nicht vorbereitet gewesen.

Am 27. April 1694 gegen sechs Uhr abends, noch vor der Vollendung seines 27. Lebensjahres, erlag der sächsische Kurfürst den Blattern. 75 Tage später, am 11. Juli 1694, leisteten die Vertreter des Adels und der Bürgerschaft Dresdens dem neuen Kurfürsten Friedrich August I. den Untertaneneid. Wenige Wochen später wiederholten sich die Treueeide in Torgau, Wittenberg, Leipzig und Bautzen. Fast vier Jahrzehnte sollten nun einen Herrscher an der Macht sehen, dessen Kindheitstraum entgegen allen Prophezeiungen durch den Lauf des Schicksals wahr wurde.

Die Geschichte kann hier nicht beendet werden, ohne zu berichten, wie sich Friedrich August zur Familie Neitschütz verhielt. Die Leiche der Verstorbenen ließ er aus der fürstlichen Gruft der Sophienkirche entfernen. Sibyllas Mutter wurde weitgehend ihres Vermögens behoben, unter Hausarrest gestellt und der Hexerei angeklagt. Sie habe seinen Bruder zur fälschlichen Liebe zu einem jungen, nichtsnützigen Ding und zum Haß gegen seine Ehefrau verhext. Das Gericht bestätigte die Anklage. Friedrich August allerdings dürfte Gewissensbisse bekommen haben, denn letztlich verfügte er die Freilassung der Mutter und die Einstellung des Prozesses.

DIE FOLGEN EINER KAVALIERSTOUR

Am 19. Mai 1687 setzte sich von Dresden aus eine Reisegesellschaft in Marsch. Höfe und Herrscher in mehreren europäischen Ländern waren zu besuchen. Begleitet von dem Hofmeister von Haxthausen, dem adligen Kammerdiener von Vitzthum, dem Stallmeister von Einsiedel sowie von einem Arzt und einem Pfarrer sollte Friedrich August Gelegenheit bekommen, sich bei den großen Herren Europas vorzustellen und sich in deren Residenzen umzusehen, um daraus Gewinn für sein späteres Leben ziehen zu können. Ein solches, von allen Fürstensöhnen praktiziertes und als »Kavalierstour« bezeichnetes Unterfangen wurde nicht unter der Dauer eines Jahres abgeschlossen. Die Begleitpersonen und das Zeitmaß der Reise lassen erkennen, wie gewichtig der Vorgang war und welche hohen Erwartungen für die staatsmännische Bildung man damit generell verband. Der junge Herr aus Sachsen entsprach diesen Vorstellungen auf der Reise nicht immer, am wenigsten gegen Ende der Tour, als er sich in Venedig aufhielt. Friedrich August traf hier im Sommer 1688 ein. Als er im März des folgenden Jahres nach Dresden zurückgerufen wurde, brachte er einen neugewonnenen Freund mit, der ihm in der Lagunenstadt bei gemeinsamen schönen Abenteuern an das Herz gewachsen war.

Der Intimus war der in amourösen Dingen besonders erfahrene und draufgängerische Sproß aus einem alten brandenburgischen Geschlecht, Philipp Christoph von Königsmarck. Sein Großvater war während des Dreißigjährigen Krieges zu den Schweden übergegangen und wurde 1655 zum Feldmarschall ernannt. Die Erfolge, die dem Feldmarschall im Kampf Mann gegen Mann beschert waren, setzte sein Enkel bei der Eroberung des schönen Geschlechts fort. Der um einige Jahre jüngere Friedrich August dürfte viel von den Eroberungskünsten des schwedischen Belami gelernt haben, und es ist vorstellbar, daß er sich von dessen Anwesenheit in Dresden entsprechenden Nutzen versprach.

In der heimatlichen Umgebung, unter den strengeren Blicken des Hofadels kühlte sich die Freundschaft zwischen den beiden Herren ein wenig ab. Noch bevor Friedrich August den Kurhut erlangte, war Philipp Christoph von Königsmarck in den Dienst des Kurfürsten Ernst August in Hannover getreten. Nun wollte es das Schicksal, daß die während der Kavalierstour geknüpfte Bekanntschaft dem jungen Herrn in Kursachsen seine erste offizielle Mätresse einbrachte. Der Ausgangspunkt des schicksalhaften Geschehens war ein vermeintliches Liebesabenteuer des jungen Königsmarck in Hannover. Was hatte sich ereignet?

Wie in allen großen Familien des Adels war man auch in der Stadt an der Leine darauf bedacht, mit Vermählungen die Macht und das Ansehen zu vergrößern. Kurfürst Ernst August und seine Gemahlin Sophie sahen es deshalb zunächst nicht ungern, daß ihr ältester Sohn Georg Ludwig seine Cousine Sophie Dorothea, die einzige Tochter des Herzogs von Braunschweig–Lüneburg–Celle, geheiratet hatte. Nachdem aus dieser Ehe ein Stammhalter entsprungen und damit die Vereinigung Celles mit Hannover gesichert war, betrieb die ehrgeizige Kurfürstin, die ihrem Sohn später zur englischen Krone verhalf, mit allen Mitteln die Auflösung dieser Verbindung. Je mehr sie sich bemühte, die Ehe auseinander zu bringen, um so stärker wurde ihr Haß gegen die Schwiegertochter. Die Trennung wollte und wollte nicht gelingen. Da kam ihr ein Charmeur wie Philipp Christoph von Königsmarck, inzwischen zum Oberst avanciert, gerade recht. Sie bezichtigte ihre Schwiegertochter eines Liebesverhältnisses mit dem Schweden, trennte sie von ihrem Ehemann und ließ sie lebenslänglich auf dem Schloß Ahlden inhaftieren. Auch der Oberst verschwand urplötzlich. Im Unterschied zum Verbleib der jungen Frau gab es dazu jedoch keinerlei aufklärende Mitteilung. Erst nach Jahrzehnten erwies sich, daß der Schwede am 1. Juli 1694 beim Verlassen des Zimmers der Bezichtigten von gedungenen Personen ermordet worden war.

Das spurlose Verschwinden des Offiziers fiel einige Tage zunächst niemandem besonders auf. Dann wurden dessen Geschwister unruhig. Vor allem Marie Aurora von Königsmarck, 1668 in Stade geboren, hing offensichtlich sehr an ihrem etwa sechs Jahre älteren Bruder. Seit 1691 hielt sie sich bei ihrer Schwester in Hamburg auf, die an diesem Ort mit dem Grafen Lewenhaupt verheiratet war. Als die Vermutung zur Überzeugung gereift war, Philipp Christophs Verschwinden am hannoveranischen Hofe ginge nicht mit rechten Dingen zu, zergrübelte sich Aurora den Kopf, wer ihr bei der Aufklärung des Vorgangs helfen könnte. Des Rätsels Lösung mußte im kurfürstlichen Schloß liegen, aber wer sollte in so edler Umgebung etwas bewegen können? Da kam ihr die einstmalige Freundschaft des Bruders mit dem vor ein paar Wochen in Sachsen zum Kurfürsten erhobenen Friedrich August in den Sinn. Jawohl, von Kurfürst zu Kurfürst, so müßte die Aufklärung gelingen. Daß die Beseitigung der Ungewißheit nicht ausschließlich eine Herzenssache war, sondern auch die Erbschaft zur Debatte stand, sei nicht verschwiegen. Ihr Entschluß stand jedenfalls fest, sie mußte nach Dresden und um Hilfe ansuchen.

An einem schönen Sommertag begab sich Marie Aurora von Königsmarck auf die Reise. Mit ihr in der Kutsche saßen die ältere Schwester und deren Mann, Graf Lewenhaupt. Die Fahrt ging über Magdeburg und Leipzig. Je näher die Reisegesellschaft dem Ziel kam, desto einsilbiger wurden die Gespräche und um so bedrückender die Stimmung. War es vielleicht doch zu kühn, von dem jungen Kurfürsten Hilfe zu erbitten? Würde Friedrich August sich überhaupt noch an den Namen Königsmarck erinnern? Oder würde er, mit der neuen

Würde ausgestattet, die nicht standesgemäßen Erlebnisse während der Kavalierstour in Venedig besser vergessen wollen?

In der kursächsischen Residenz eingetroffen, zeigte sich bald, wie überflüssig solche Sorgen waren. Aurora und ihre Begleitung wurden am Hofe freundlich und mit Anteilnahme empfangen, die freilich mehr Neugier denn echtes Mitgefühl war. Von dem geheimnisvollen Verschwinden des Grafen Königsmarck hatten die Damen und dann auch die Herren inzwischen schon erfahren. Nun wurde gehofft, durch den Besuch unmittelbar Betroffener nicht nur neueste Nachrichten, sondern auch dramatische Einzelheiten zu erfahren. In dieser Hinsicht mußte Aurora zwar den erwartungsvollen Herrschaften eine Enttäuschung bereiten, umgekehrt jedoch wurden ihre Hoffnungen übertroffen. Schon bald nach ihrer Ankunft in Dresden und der Bitte um eine Audienz beim Kurfürsten wurde ihr diese gewährt. Als der Tag und die Stunde des Empfangs herangerückt waren, hatte die Königsmarck die feste Überzeugung gewonnen, jedermann am sächsischen Hof und sicher auch der Regent höchstpersönlich würde mit allen erdenklichen Mitteln helfen, Licht in die dunkle Angelegenheit zu bringen. Fast beschwingt machte sie sich auf den Weg zum sächsischen Regenten.

Der Kurfürst war dabei, die Alltagspflichten eines Landesherrn abzuarbeiten. Dazu gehörten Entscheidungen gegenüber Beschwerden und Bittstellern. Im Ensemble dieser Aufgaben wurde jetzt die Anhörung einer Gräfin von Königsmarck angesagt. Friedrich August war üblicherweise zuvor schon das Anliegen bekanntgemacht worden, so daß er die einzelnen Bittsteller ohne besondere Aufmerksamkeit erwartete. Schon etwas ermüdet, gähnend und gelangweilt saß er im Audienzstuhl. Doch als die junge Dame das Zimmer betrat, war er so fasziniert von ihrer Erscheinung, daß er schlagartig hellwach wurde. Vor ihm stand eine ungewöhnlich schöne Frau. Ihr Körper strahlte alle Reize aus, die auf einen Mann nicht ohne Wirkung bleiben konnten. Nur mit halbem Ohr hörte er auf das, was ihm vorgetragen wurde. Um so aufmerksamer betrachtete er sein Gegenüber. Die feurig-dunklen Augen der schönen Aurora zogen Friedrich August wie Magneten an. Trotz ihrer Traurigkeit und ihrer sparsamen Gesten konnte er sich lebhaft vorstellen, wieviel Temperament die junge Schwedin in sich verbarg. Was für eine Freude würde es sein, mit einem solchen Wesen die Nächte zu genießen.

Durch ein Räuspern wurde der Kurfürst aus seinen Träumereien gerissen. Schon seit geraumer Zeit hatte Marie Aurora mit Sprechen aufgehört und auf ein Wort des vor ihr sitzenden Herrn gewartet. Friedrich August bereitete es einige Mühe, sich zu sammeln. Rasch versuchte er sich zu erinnern, was eigentlich die Ursache der Vorsprache war. Als ihm die Sache wieder in den Sinn kam, versicherte er, das Anliegen wohlwollend zu überdenken und in Kürze von sich hören zu lassen. Einstweilen möge die Frau Gräfin doch als Gast am Hofe verweilen. Hinsicht-

*Thronsessel aus dem Dresdener Residenzschloß.
Staatliche Kunstsammlungen Dresden,
Museum für Kunsthandwerk.*

lich des Falles Königsmarck machte sich der Kurfürst tatsächlich viele Gedanken, aber kaum solche, die das Verschwinden Philipp Christophs anbelangten. Vielmehr bedachte er, wie es am besten anzustellen sei, das Herz der schönen Bittstellerin für sich zu gewinnen. Einige Erfahrungen in Liebesdingen hatte er durchaus schon gesammelt, nicht zuletzt auf der Kavalierstour mit Hilfe von Auroras verschwundenem Bruder. Aber jetzt war er Landesherr und konnte es sich unter keinen Umständen leisten, mit einer Gunstbezeugung gegenüber einer begehrten Frau abzublitzen und damit den Spott der Hofgesellschaft auf sich zu ziehen. Wenn er sich entschloß, neben seiner 1693 angetrauten Ehefrau eine Geliebte, eine Mätresse zu wählen, so hatte das mit aristokratischer Würde und mit einem glänzenden Sieg zu erfolgen. Übrigens war es nicht im geringsten nötig, einen solchen Vorgang unter strengster Vertraulichkeit zu bewältigen. Eher war eigentlich der Umstand zu verschweigen, daß er bis zur Stunde über keine Mätresse verfügte und damit gewissermaßen ein Außenseiter unter den Regierenden im Kaiserreich war.

Während der nächsten Tage und Wochen ergaben sich für Friedrich August Gelegenheiten in Hülle und Fülle, seine Wirkung auf die schöne Schwedin zu prüfen. Das Ergebnis war für ihn enttäuschend. Natürlich gab Aurora zu erkennen, wie sehr sie es schätzte, wenn sie seine Aufmerksamkeiten erfuhr. Ein koketter oder sogar ein liebevoller Blick der ihn so faszinierenden Augen blieb jedoch aus. Das offensichtliche Desinteresse an einer Liaison entmutigte den Herrn keineswegs. Im Gegenteil, sein Bemühen um das reizende Wesen wurde noch intensiver, seine Attacken immer unbedenklicher und führten schließlich doch zum Werben eines lichterloh brennenden Mannes um eine Frau. Sorgfältig ausgewählter Schmuck sollte jetzt Auroras Herz brechen und ihn zum begehrten Ziel führen. Über kurz oder

Augusts Gemahlin, Kurfürstin Christiane Eberhardine.
Kupferstich von Martin Bernigeroth. Um 1700.
Staatliche Kunstsammlungen Dresden, Kupferstichkabinett.

lang mußte so Auroras Zurückhaltung überwunden werden. Der Potentat sollte sich nicht verschätzt haben – eines Tages blickten ihn die dunklen Augen der Schönen so an, wie er es ungeduldig erwartet hatte. Als die Gräfin von Königsmarck aus einem der Gästezimmer in eine komfortable Wohnung mit einem großen Schlafzimmer zog, war das für jeden am Hofe ein Zeichen dafür, daß der Landesherr einen Sieg errungen hatte.

Aurora war nicht nur eine liebreizende, sondern auch eine kluge Frau. Ihr heller Verstand wird ihr geraten haben, dem Werben des Kurfürsten nicht allzu lange Widerstand zu leisten und dann aus den ersten stürmischen Liebeswochen soviel praktischen Gewinn wie irgend möglich zu ziehen. So manche zärtliche Stunde brachte demgemäß reichlichen Nutzen ein, wie teures Mobiliar, kostbare Kleidung, prächtigen Schmuck und eine angemessene Stellung für ihren Schwager Graf Lewenhaupt und dessen Frau. Was sie allerdings nicht schaffte, war Friedrich August zu bewegen, das Schicksal ihres verschwundenen Bruders aufzuklären. Um nichts in der Welt und auch nicht in der heißesten Liebesnacht konnte sie ihm das Versprechen abringen, in Hannover vorstellig zu werden. Der Herrscher mag geahnt haben, daß die Aufhellung des inzwischen schon wieder weitgehend in Vergessenheit geratenen Vorgangs zu unangenehmen Entdeckungen führen würde. Da war es ihm schon lieber, Versprechungen anderer Art zu geben, etwa die, seine Geliebte könne in absehbarer Zeit damit rechnen, die attraktive Position einer Äbtissin einnehmen zu können, und zwar im Stift in Quedlinburg. Die Amtszusage war eine enorme Geste, denn immerhin war die Charge der eines Reichsfürsten ebenbürtig. Möglicherweise war von dem Regenten mit dieser Zusicherung schon vorausgedacht worden, wie er das Verhältnis mit der Königsmarck zum gegebenen Zeitpunkt bequem wieder lösen könnte. Aurora vernahm das Angebot nicht ungern. Auch sie war aufgeweckt genug, um zu wissen, daß sie nicht ewig den Vorzug, Mätresse sein zu dürfen, genießen konnte.

Weder Friedrich August noch seine Gespielin ahnten, zu welchen Komplikationen die Einlösung des scheinbar so kommod zu erfüllenden Versprechens führen würde. Ihm war gegenwärtig, daß die jetzige Äbtissin nicht mehr zu den Jüngsten gehörte. Als Schutzherr des Stifts glaubte er hinreichend Einfluß zu haben, um den Ausgang der zum gegebenen Zeitpunkt anstehenden Neuwahl bestimmen zu können. Auch Aurora konnte sich die Rolle einer Äbtissin vorstellen, und sie war von ihrer gesicherten Zukunft überzeugt – im festen Vertrauen darauf, daß die Abstimmung zu ihren Gunsten ausgehen würde. Mit dem guten Gefühl, Vorsorge über Tag und Nacht hinaus getroffen zu haben, gab sie sich dem süßen Leben mit dem Kurfürsten hin.

Das reichsunmittelbare Damenstift zu Quedlinburg war schon im Jahr 1485 unter die Schutzherrschaft der Wettiner gestellt worden. Insofern war man dort daran gewöhnt, bei einer Wahl der auf Lebenszeit amtierenden Äbtissin die Wünsche des Landesherrn zu respektieren. Die Kanonissen hatten das Gelübde der Keuschheit und des Gehorsams gegen ihre Oberen abzulegen. Nur wenn die Stiftsdamen von der Wahrhaftigkeit des Versprechens überzeugt waren, konnte eine Protektion erfolgreich sein. Die Königsmarck hatte hinsichtlich der Anerkennung ihrer Bereitschaft zum Gehorsam keinerlei Bedenken. Daß sie allerdings ihre Beredsamkeit einsetzen mußte, um die Stiftsdamen von der Keuschheit zu überzeugen, war ihr in Anbetracht ihrer momentanen Rolle durchaus bewußt und bewegte sie mit fortschreitender Zeit zuweilen doch. Ihr Selbstvertrauen war freilich groß genug, um sich immer wieder ihrer Aussicht auf Erfolg selbst zu versichern. Ende Februar 1696 stellten sich aber doch erste Ahnungen bei ihr ein, daß sich unüberwindbare Schwierigkeiten ergeben könnten. Im März wurden ihre Vorgefühle zur Gewißheit. Sie war schwanger! Was sollte sie jetzt tun? Als auch noch so geschickte Kleidung ihren Zustand kaum noch verbergen konnte, verließ sie Dresden in Richtung Harz. Ihr Reiseziel war selbstverständlich nicht Quedlinburg, sondern Goslar. Hier gebar sie am 28. Oktober dem Kurfürsten einen Sohn, den sie auf den Namen Moritz taufen ließ.

Der Regent hatte sich den Sommer über in Ungarn und Österreich aufgehalten. Die Botschaft von der Geburt eines Sohnes erreichte ihn gleich zweimal, denn elf Tage vor der Niederkunft der

Königsmarck war auch seine angetraute Frau Christiane Eberhardine von einem gesunden Jungen entbunden worden, den sie nach seinem Vater nannte und der später einmal als Friedrich August II. den Kurhut aufgesetzt bekommen sollte.

Über die beiden Söhne freute sich der Landesherr, doch weder die eine noch die andere Mutter interessierten ihn. Er hatte längst in Wien eine andere Dame im Visier und bald auch im Bett. An das Versprechen, Aurora zur Äbtissin zu machen, erinnerte er sich dennoch und glaubte, es auch einhalten zu können. Er täuschte sich, denn nach der bekanntgewordenen und offenkundig belegten Rolle seiner Kandidatin opponierten die Stiftsdamen mit heiligem Zorn. 1698 verkaufte er kurzentschlossen den Anspruch, die Nachfolge zu bestimmen, an das Land Brandenburg.

Nun begab sich die Gräfin wiederum zu einer Audienz, diesmal zu dem neuen Schutzherrn des Stifts und der Abtei, Kurfürst Friedrich III. von Brandenburg. Auch der konnte ihr den Wunsch nach der Äbtissinnenstelle nicht erfüllen, aber wenigstens zu einem untergeordneten Amt verhelfen: Im Jahr 1700 wurde die Mätresse außer Dienst Pröbstin in Quedlinburg. Reich und besonders glücklich ist sie niemals mehr geworden. Als Marie Aurora von Königsmarck 1728 verstarb, hinterließ sie 52 Taler, zehn Groschen und acht Pfennig – etwa diese Summe hatte einst der junge Friedrich August auf seiner Kavalierstour aller zwei Tage allein für den Tischwein ausgegeben.

GOLDDUKATEN FÜR DIE KÖNIGSKRONE

An einem frostklaren Januarmorgen des Jahres 1733 scharrten die Pferde vor der königlichen Karosse unruhig mit den Füßen. Die Dienerschaft stand fröstelnd auf dem schneebedeckten Hof der Dresdener Residenz. Mensch und Tier warteten nun schon fast eine Stunde auf Seine Königliche Majestät und Kurfürstliche Durchlaucht August II., den die Nachwelt August den Starken nennen wird. An diesem 10. Januar war bei dem Dreiundsechzigjährigen nichts mehr von körperlicher Stärke zu erkennen. Zu sehr plagten ihn inzwischen seine Krankheiten, und die Bemühungen seiner Leibärzte, einigermaßen Schmerzfreiheit zu erreichen, waren an diesem Morgen der Grund dafür, daß sich die Abfahrt des Königs nach Warschau verzögerte.

Endlich konnte es losgehen. Im letzten Augenblick vor der Abfahrt griff Graf Heinrich von Brühl nach einem in neuer Auflage gelieferten Buch eines Untertanen namens Julius Bernhard von Rohr. Rohr beschrieb darin die »Ceremoniel-Wissenschafft der Großen Herren« über Ländergrenzen hinaus. Brühl, seit 1719 zunächst als Page, dann als Oberkammerherr und seit zwei Jahren als »Wirklicher geheimer Rat« für innere Angelegenheiten im Dienst, war natürlich mit den Gewohnheiten seines Herrn bestens vertraut. Während des Reisens

Staatskarosse Augusts des Starken.
Barockmuseum Schloß Moritzburg.

liebten es Majestät gelegentlich, mit Vorlesen unterhalten zu werden. Man würde sehen, ob es auch diesmal gewünscht würde und ob der gute Rohr etwas Kurzweiliges zu bieten hatte.

Stunden später – Brühl hatte einiges vorgelesen – verlangte der König danach, zwei Stellen nochmals zu vernehmen. Handelte es sich doch um Ausführungen, die seine Gedanken zu jenen glücklichen Zeiten zurückwandern ließen, in denen er noch voller Kraft und Unternehmungslust war. Bezüglich der Königswahl hieß es im Buch, diese sei »entweder gantz frey, oder einiger maßen gezwungen, wenn z. E. einige grosse Armeen im Lande oder doch in der Nähe stehen, und das Land und die vornehmsten Stände mit einer harten Heimdrohung bedrohen, dafern sie nicht demjenigen, den sie *favorisiren*, zum König einwehlen würden«. Nun gut, sann August, so geht es eben in der Welt zu. Auch er hatte sich damals seiner Armee bedient, aber ob Rohr ihn im Auge hatte, als er den Text verfaßte? Unzweifelhaft auf ihn gemünzt war allerdings jene Stelle, an der Rohr sich Polen zuwandte:

»Bey den Polnischen Wahl=Tägen ist eine höchstnöthige Eigenschafft vor alle ausländische Minister, welche auf einige Weise das Interesse ihrer hohen Herren Principalen mit dabey zu besorgen haben, daß sie nicht allein beredt, sondern auch freygebig und großmüthig seyn, damit sie durch allerhand *complaisance*, stattliche *Banquete*, insonderheit aber durch ihr Geld die Stimmen so wohl der Senatoren als des Adels gewinnen mögen. Ja es wird von den Abgesandten als ein unentbehrlich Stück erfordert eine große Figur zu machen, offene Tafel zu halten, viel Geld aufzuwenden, und ansehnliche Geschencke auszutheilen, weil sonst die auf den Wahl=Tag versammelten Stände, wenn sie nur den geringsten Argwohn einiger Spahrsamkeit oder Kargheit bekommen, alsobald den Schluß daraus machen, daß der Principal eines solchen *Ambassadeurs* ein armer und unvermögender Herr seyn müsse, daher sie sich auch nachgehends gar schwerlich entschlüssen, denselben oder denjenigen den er vorgeschlagen, auf den Thron zu erheben. Gleichergestalt haben sie Ursache, mit allen ersinnlichen

Fleiß sich zu bemühen, daß sie die Clerisey auf die Seite bekommen.«

O ja, das war damals ein toller Handstreich! Während die Kutsche mehr über die Straßen schaukelte als rollte, zog sich August das Fell über das Gesicht und verlor sich in angenehme Erinnerungen.

Er war noch ein Kind, als 1680 die aus dem Lateinischen übersetzte Chronik des Schneeberger Pfarrers Paul Grebner erschien. Grebner erging sich auch in Prophezeiungen und sagte voraus, dermaleinst werde ein aus Sachsen stammender Sproß namens August König von Polen werden. Ob diese Voraussage das Gelüst auf die Königskrone erhöhte, sei dahingestellt. Jedenfalls wurde er, Kurfürst Friedrich August von Sachsen, hellwach, als im Sommer 1696 die Nachricht vom Tode des polnischen Königs Johann III. Sobieski verbreitet wurde. Eine geregelte Erbfolge wie in den Kurfürstentümern gab es hier nicht, sondern der Adel hatte den Königsnachfolger zu erwählen. Natürlich konnte auch einer von des Königs Söhnen gewählt werden, aber das schien August wenig wahrscheinlich. Soweit kannte er den polnischen Adel, daß er von dessen Abneigung gegen auch nur den Verdacht einer Erblichkeit der Königswürde wußte. Ein solcher Verdacht läge auf der Hand, selbst wenn eine Wahl stattfinden würde. Mit Befriedigung registrierte August eine unmißverständliche Reaktion des Adels von Wilna. Als dieser nämlich einen Brief der Königswitwe erhielt, man möge doch bitteschön ihren jüngsten Sohn für die Wahl vorsehen, antwortete der Adel mit der öffentlichen Verbrennung des Schriftstücks. Um die Geste zu betonen, ließ man den Scheiterhaufen für den Brief vom Henker errichten.

Nein, aus dem Königreich Polen selbst sah Friedrich August keinen allzu ernst zu nehmenden Favoriten aufmarschieren. Außerhalb des Landes, so hatte man ihm zugetragen, gab es jedoch massive Anwärter. Nicht unbedingt dachte er jetzt an den Kurfürsten von Bayern oder an den Markgrafen von Baden und Herzog von Lothringen, sondern an den Neffen des Pabstes, Don Livio, und vor allem an Prinz Franz Ludwig von Conti. Fast wäre ihm Conti, ein Vetter Ludwigs XIV. von Frankreich, zum Stolperstein geworden. Ziemlich schnell hatte er, Friedrich August, damals durchschaut, warum der französische König sein Bündnisangebot gegen Österreich abgelehnt hatte. Ludwig erschien es klüger, sich nicht zu binden, sondern besser einen ihm Vertrauten in Polen an die Macht zu bringen. So konnte er dann vom Osten her die Habsburger in die Zange nehmen. Noch jetzt lächelte August in sich hinein, wenn er an seine schnelle Reaktion dachte, an sein rasches Bündnis mit Leopold von Österreich, womit er sich das Wohlwollen des Habsburgers in Hinsicht auf die polnische Krone sicherte.

Aber eigentlich stand er damals noch ganz am Beginn des Unternehmens. Grund zu besonderer Eile gab es ja auch nicht, sinnierte August. War es doch in Polen geregelt, daß das Interregnum ein ganzes Jahr dauern konnte und während dieser Zeit der Erzbischof die Autorität des Königs und dessen wichtigste Verpflichtungen wahrzunehmen hatte. Ach ja, der Erzbischof und seine Kirche! Was für einen wichtigen Rat ihm doch damals der tüchtige Flemming gab, nachdem er diesen im März 1697 nach Polen geschickt hatte. Obwohl erst 30 Jahre alt, besaß Graf Jakob Heinrich von Flemming schon eine große Portion Lebensweisheit, List und Verhandlungsgeschick. Hinzu kam der willkommene Umstand, mit einer Frau aus dem einflußreichen polnischen Adelshaus Radziwill verheiratet zu sein. Flemmings erste Ehefrau war eine litauische Prinzessin gewesen. Da wunderte es nicht, wie gut sich der Graf in der polnischen Seele auskannte und welch wichtige Ratschläge er geben konnte.

So ein wichtiger Ratschlag war die Empfehlung an Friedrich August, zum Katholizismus überzuwechseln. Mein Gott, ging es August durch den Kopf, wie hatte er einst nach Möglichkeiten gesucht, die Angelegenheit ohne großes Aufsehen und mit nicht allzu viel Anstrengungen zu bewältigen. Zum Glück fiel ihm rechtzeitig sein Vetter Christian von Sachsen-Zeitz ein, der in Raab das Bischofsamt innehatte. Was war das im Frühsommer 1697 für eine schöne Reise nach Baden bei Wien! Anders als jetzt strengte ihn die Fahrt kaum an, und die Gliedmaßen schmerzten nicht. Ein wenig bange war ihm zwar, ob nicht der Vetter im letzten Augenblick noch auf dem gleichzeitigen Religionswechsel der Kurfürstin bestehen würde. Das wäre bei der verbohrten Bernhardine nie und nimmer zu schaffen gewesen. Jedenfalls nicht im guten. Eine Lösung wäre auch zuwege gebracht worden, aber die hätte Zeit gekostet und Aufsehen verursacht. Zum Glück war jedoch seine Sorge überflüssig. Die Zeremonie verlief schnell und reibungslos; das protestantische Sachsen hatte ab 2. Juni 1697 einen katholischen Kurfürsten.

In Hinsicht auf die Königswahl war es für den Religionswechsel wahrhaftig höchste Zeit gewesen. Aus allen Landesteilen Polens rückte in den Junitagen der Adel gen Warschau aus. Hier, auf einem freien Feld am Rande der Stadt, sollten die Kandidaten erörtert werden. Es war zu prüfen, was sie hatten und was sie zu geben bereit waren. Im übrigen durfte sich die Wahlhandlung hinziehen. Die Regularien räumten sechs Wochen dafür ein, so daß auf Vergnügungen nicht verzichtet werden mußte. Das größte Vergnügen war allemal noch der Branntwein. Natürlich erhöhte es die Lust, wenn inmitten des lockeren Palavers die Beauftragten der Kandidaten von einem zum anderen schritten, diesen an die Seite nahmen und mit Golddukaten Stimmung machten.

Flemming hielt sich bedeckt im Hintergrund des Geschehens und beobachtete aufmerksam die Entwicklung. An den prallen Geldsäcken des französischen Gesandten waren die guten Chancen Contis abzulesen. Aber auch Flemming war von ihm, August, gut betucht worden. Es war keine Mühe gescheut worden, die sächsischen Gulden in die willkommenen Dukaten umzutauschen. Wie gut, daß Flemming wartete, bis die Vorräte des Franzosen zu Ende gingen, ohne daß eine Entscheidung gefällt wurde. Freilich, als der Primas der katholischen Kirche das Wort nahm und Conti als König vorschlug, ging ein beifälliges Gemurmel durch die Reihen. Aber nun trat der listige Flemming auf den Plan. Er riß das Wort an sich und schlug – Don Livio vor. Was für ein schlauer Bursche dieser Flemming doch war, dachte August. Denn ein Kandidatenvorschlag, der sich auf einen Neffen des Oberhirten der katholischen Kirche bezog, konnte bei aller Autorität des Primas nicht ignoriert werden. Also gingen die Debatten erneut los, es flossen wiederum Dukaten und Branntwein. Doch wenn es auch an vollen Fässern mit dem berauschenden Getränk nicht mangelte, die Geldbeutel der Konkurrenz waren nun rasch vollends geleert.

Erneut verschaffte sich Flemming Gehör und brachte seinen Kurfürsten ins Gespräch. Zugleich steckte er die Dukaten mit vollen Händen in die Taschen des Adels und berichtete dabei zur allgemeinen Überraschung vom Religionswechsel seines Herrn. Was für ein großartiger Schachzug! Am 27. Juni hatte der Graf mit Gold im Beutel und in der Stimme erreicht, daß der Adel zu Conti bei weitem nicht mehr so stand wie zuvor; die Stimmen waren inzwischen geteilt. Mehr war vom guten Flemming nicht zu erwarten gewesen. Nunmehr mußte so gehandelt werden, wie es Rohr allgemein so trefflich genannt hatte. Das Land und die vornehmsten Stände waren »mit einer harten Heimdrohung« in die rechte Richtung zu lenken. Was für aufregend schöne Tage, als ihn, den Kurfürsten, die Kuriere Flemmings in Eilritten erreichten und die Lage schilderten. Auch

*Ornat für die Krönungszeremonie 1697 in Krakau.
Staatliche Kunstsammlungen Dresden.*

wenn Conti inzwischen vom Primas als König Polens ausgerufen worden war, er wußte nun genug Anhänger hinter sich, die dem Vorschlag des Bischofs von Kujawien folgen und August zum König haben wollten. Mit Gold allein war aber die Entscheidung nicht mehr weiter zu beeinflussen. Jetzt mußten die Waffen zur Hilfe genommen werden. 10 000 sächsische Krieger schlugen los!

Am 15. September war das Ziel erreicht. Im Dom zu Krakau konnte er, der sich fortan August II. nannte, die prächtige Königskrone auf sein Haupt setzen lassen. Die paar Kerls, die im Kampf gegen die Conti-Anhänger für ihren König fielen, hatten brav ihre Pflicht erfüllt. Ein wenig grämten ihn noch die Taler und Dukaten, mit denen der Adel und dann auch Teile der polnischen Armee gekauft werden mußten. Damals hatte er in einer besinnlichen Stunde selbst einmal aufgelistet, was umgerechnet im Juli und August von Sachsen nach Polen an Geldern geflossen war. Es handelte sich um mehr als zwei Millionen Gulden. Aber letztlich war dies für eine gute Sache geschehen.

Mit diesen Gedanken war der König auf den weichen Polstern seiner Kutsche eingeschlafen. Nach einem Zwischenaufenthalt in Krossen an der Oder wurde die Reise trotz großer gesundheitlicher Probleme fortgesetzt. Als man die Königsstadt Warschau nach mehreren Ohnmachtsanfällen am 16. Januar 1733 erreichte, verblieben König August II. nur noch wenige Tage bis zu seinem Ende.

EINE OHNMACHT BEIM RITTERTURNIER

Zu einer für ihn ungewöhnlichen Zeit, morgens um 7.00 Uhr, war der Oberhofmarschall in der Warschauer Residenz zum König bestellt worden. Auf dem Weg zu seinem Herrn über Hof, Treppen und Korridore des Schlosses zergrübelte er sich den Kopf, was der Anlaß für die Vorsprache sein könnte. Seines Wissens stand weder eine besondere Audienz bevor noch gab es Pflichtverletzungen über das allgemein übliche hinaus, die er zu verantworten gehabt hätte und die den Zorn Augusts hervorgerufen haben könnten. Trotz des guten Gewissens leicht beunruhigt und mit einem eigenartigen Gefühl in der Magengegend beschleunigte der Oberhofmarschall seine Schritte, um mit dem Glockenschlag an der Tür des königlichen Gemachs zu stehen.

August nahm den Morgengruß gnädig entgegen und eröffnete dem Marschall, er wolle zur Erbauung der Herren und Damen des Hofes ein prunkvolles Ritterturnier veranstalten und bei den Kampfhandlungen selbst mitwirken. Aber nicht allein durch seinen eigenen Auftritt sollte das Turnier eine besondere Veredlung erfahren. Die aktiv teilnehmenden Herren müßten durch den Oberhofmarschall vorbereitend veranlaßt werden, während des Kampfspiels die klassischen strengen Regeln zu beachten. Er denke da an solche Vorschriften, wie sie in den deutschen Städten Merseburg, Nürnberg, Worms und Braunschweig strikt angewendet würden. August verlas nun jenes Reglement, das er beherzigt haben wollte:

»Es darff keiner ein ander Schwerdt oder einen anderen Spieß gebrauchen, als der von den Herren Judicirern approbirt ist.

Es darff keiner mehr als dreymahl mit dem Spieß zusammen gehen, er werde gebrochen oder nicht, auch keiner mehr als fünf Streiche mit dem Schwerdt thun, wer hierüber schreitet, dem wird es nicht passiret.

Wer seinen Spieß oder sein Schwerdt fallen läst, dem wird kein anders gereicht.

Wer bloß geschlagen wird, wird nicht wieder zugelassen.

Es müssen alle Spieße am Kopffe getroffen werden, und nicht gelten, wenn einer seinen Spieß nicht frey führet, sondern mit Stossen die Arme am Leibe behält, oder sonst nicht nach den Articuln stöst.

Wer zur Erde gestossen oder geschlagen, soll nicht wieder zugelassen werden.

Den Spieß=Danck erlangen die in den ersten drey Stössen die meisten Spiesse brechen, und den andern, die in den ersten fünf Streichen die meisten Schwerdter zuschlagen.

Bei den Fuß=Turnieren müssen die Turnierer auf gewöhnliche Fuß=Turnier=Art gerüstet seyn, auch anders nicht als mit geschlossenen Helm, und ohne andern unzuläßigen Vortheil tourniren.«

Nach dem Verlesen dieser Regeln und einigen erklärenden Worten übergab August dem Oberhofmarschall das Aufgeschriebene. Damit glaubte dieser, sich zurückziehen zu können. Doch nun erhob sein Gebieter bedeutungsvoll die Stimme und machte auf jenen Punkt aufmerksam, der für wahrhaftigen Glanz das Ausschlaggebende überhaupt wäre, nämlich der gebührende Nachweis alten und echten Adels. Der Oberhofmarschall wurde ausdrücklich angewiesen, nur solche Personen für die tätige Mitwirkung am Turnier zu dulden, die ihre Nobilität mit einer langen Ahnenliste väterlicher- und mütterlicherseits belegen könnten.

Der Marschall war beeindruckt. Inwieweit er mit letzter Gründlichkeit alte und neuere Turnierbücher wälzen ließ und entsprechende Akten studierte, um sich über die Ahnenfolge kundig zu machen, oder ob er es bei den Kavalieren polnischer Provenienz vorzog, deren Erklärungen zu den aristokratischen Vorfahren Glauben zu schenken, ist nicht mehr aufzuhellen. Jedenfalls kam der festgesetzte Tag des Turniers, die Zuschauer erschienen, und es waren genügend tatendurstige, edle Ritter zur Stelle, die gemeinsam mit dem Landesherrn den Wettstreit angehen wollten.

Man wartete auf den Beginn der Handlungen. Der Turnierplatz war auf das feinste herausgeputzt worden. Der Oberhofmarschall und seine Helfer hatten keine Mühe und Kosten gescheut, um mit kunstvollen Geländern, prächtigen Pflanzen und schmückenden Skulpturen eine imponierende

Kampfbahn aufzubauen. Mit großen Spiegeln sollte die Wirkung des Aufbaus noch unterstützt werden. Für die Zuschauer waren Logen mit bequemen Sesseln darin aufgestellt worden. Nun endlich kam es zu dem erwarteten Fahnenschwenken und zum Trompetensignal, das den Turnierbeginn anzeigte. Nach alter Manier geschmückt präsentierten sich die Akteure, unter ihnen der König. Nicht ohne Stolz sah er sich um. Natürlich waren die meisten Blicke auf ihn gerichtet. Ob er wohl unter den vielen vornehmen Damen jene entdeckte, deren Herz besonders aufgeregt schlug? Vom König hatte diese junge Frau schon viel vernommen, auch von seinen galanten Abenteuern. Nun würde sie den interessanten Mann auf ungewöhnliche Weise in Aktion erleben. Ihre Phantasie war beflügelt genug, sich Szenen voller prickelnder Männlichkeit, voller Kühnheit und Kraft vorstellen zu können. Mit Spannung und vor Erregung glühenden Wangen fieberte sie der ersten Kampfszene entgegen.

Bei der aufgeregten Zuschauerin handelte es sich um Ursula Catherina von Boccum, die seit einiger Zeit vorteilhaft verheiratet war und nun den Namen Lubomirska tragen durfte. Ihr Ehemann, der polnische Fürst Georg Dominic von Lubomirski, gehörte uraltem Adel an. Entsprechend angesehen und stolz war sein Geschlecht. Viel vom Stolz des Fürstenhauses trug die 1680 geborene Ursula Catherina seit ihrer Vermählung in sich. Die vollbusige Schönheit hatte schnell Gefallen daran gefunden, sich in einflußreichen Kreisen zu bewegen

*Ursula Catherina Gräfin Lubomirska.
Pastellgemälde von Rosalba Carriera.
Staatliche Kunstsammlungen Dresden,
Gemäldegalerie Alte Meister.*

und unter dem hohen polnischen Adel Ansehen zu genießen. Träumte sie manchmal davon, an der Seite des Königs noch mehr Glanz abzubekommen?

Wie die Reihenfolge der einzelnen Esquadrillen beim Turnier sein sollte, war üblicherweise vom Los bestimmt worden. Auch August hatte sich ohne zu Zögern dieser Regel unterworfen. Nach mehreren anderen Kämpfen kam sein erster Auftritt. Bis dahin waren die einzelnen Gefechte zu Fuß ausgetragen worden; der König und sein Kontrahent stritten hoch zu Roß. Das Reglement forderte von den Rittern, in Richtung der Logen »Compliment und Salutation« zu erbringen. Auch August kam dem nach, allerdings so, daß er nicht sich, sondern den Spieß verneigte. Mit einer halben Kehrtwendung gingen die Pferde dann in Front zueinander. Das Signal zum Angriff ertönte, doch sekundenschnell sprang da auch schon mit erhobenen Armen der Maître de Camp dazwischen und versuchte, die Attacke zu stoppen. Auch er war angewiesen worden, penibel auf die Einhaltung der altehrwürdigen Sitten zu achten. Dazu gehörte, auf dem rechten Fuß des Pferdes anzusprengen – des Königs Gegner hatte das nicht beachtet. Also ging er zurück in die Ausgangsstellung, und erneut wurde das Angriffssignal erwartet.

Die Lubomirska tupfte sich mit einem Spitzentüchlein die Schweißperlen von der schönen Stirn und fächelte sich mit raschen Bewegungen Luft zu. Vor Aufregung schwitzte sie weit mehr als die beiden Akteure und deren Sekundanten auf dem Turnierplatz. Nun hatte es wohl abermals das Zeichen zum Angriff gegeben, denn Pferde und Reiter rasten mit vorgestreckten Spießen aufeinander zu. Plötzlich, beide Parteien hatten sich noch nicht berührt, gab es einen vielstimmigen Aufschrei. August war vom Pferd gestürzt. Warum das geschah, war bei der Geschwindigkeit nicht zu erkennen gewesen. Was jedoch überdeutlich auch in den Einzelheiten bemerkt wurde, war die Tatsache, daß die Lubomirska ebenfalls zu Boden ging. Das geschah nicht allzu schnell und durchaus mit Würde. Offensichtlich war zu erkennen, daß sie von einer Bewußtlosigkeit ereilt worden war. Die Anteilnahme der sich in der Nähe befindenden Damen war groß, wenn auch nicht von besonderer Besorgnis getragen. Es galt als nicht unschick, bei bestimmten Gelegenheiten in Ohnmacht zu fallen. Entsprechend häufig erlebte man den Vorgang, und man hatte sich darauf eingestellt. So war man präpariert, welche Anteilnahme zu zeigen war. Hinzu kam, daß ein Riechfläschchen mit belebenden Inhalt zur Ausrüstung einer Dame von Welt gehörte.

Auch die Damen des Hofadels waren bestens vorbereitet. Eine erhebliche Meinungsverschiedenheit gab es, welche der Essenzen bzw. das Fläschchen welcher Dame den Vorzug erhalten sollte, der geschätzten Fürstin Lubomirska unter die Nase gehalten zu werden. Einig waren sich alle Damen lediglich darin, der mit geschlossenen Augen Daliegenden nicht das neumodische antimonhaltige Wundermittel einzuflößen, das – vermischt mit einigen Tropfen vom Saft der Zimtrinde – die Ohnmacht schlagartig davonjagen sollte. Den unangenehmen Geruch wollte niemand ertragen. Ob man sich ansonsten schlüssig werden konnte, welches Präparat zu bevorzugen sei, ob eine der Damen unberührt von der Debatte auf eigene Faust zu Werke ging, oder ob es die Lubomirska vorzog, die Ohnmacht durch Augenaufschlag selbst zu beenden, nachdem sie die gebührende Aufmerksamkeit erreicht hatte, vermag wohl niemand mehr zu sagen.

Es ist vorstellbar, daß August nach dem derben Sturz vom Pferd wahrhaftig benommen war. Wie lange die Betäubung andauerte und ob er trotz der Schar der sich fürsorglich um ihn versammelnden Lakaien den Vorgang in einer der Logen unmittelbar wahrnahm, ist ungewiß. Ob er sich wohl bald in die Loge zu der mitfühlenden Dame führen ließ, um dieser sogleich seinen Dank abzustatten? Wann auch immer er von der so beeindruckenden Anteilnahme an seinem Unglück erfahren hat, Tatsache ist, daß fortan sich die Wege Augusts und Ursulas immer häufiger kreuzten. Eine Frau, so wird August gedacht haben, die wegen eines königlichen Mißgeschicks in Ohnmacht fällt, wird auch sonst nicht sehr standhaft sein. Er hatte die Lage richtig beurteilt. Lange dauerte es nicht mehr, bis die Lubomirska vom König schwanger war. Im August 1704 wurde das Kind geboren. Es war ein Junge, den seine Mutter im Gedenken an die Regierenden im Kurfürstentum Sachsen vor der Zeit Augusts auf den

Namen Johann Georg taufen ließ. Johann Georg erlangte später als »Chevalier de Saxe« eine gewisse Berühmtheit.

Seine Mutter, Augusts neue Mätresse, brachte es zu keiner nennenswerten Bedeutung. Ihr weiteres Schicksal beinhaltete kaum Besonderheiten: Scheidung der katholischen Ehe mit Fürst Lubomirski durch päpstliche Erlaubnis, Ernennung zur Fürstin von Teschen durch kaiserlichen Erlaß, Entlassung aus dem Mätressenamt durch Augusteischen Entschluß.

DICHTUNG UND WAHRHEIT
EINER BEKANNTSCHAFT

Am späten Vormittag des 31. März 1765 verstarb in tiefer Einsamkeit, eingesperrt hinter den dicken Mauern der im Sächsischen gelegenen Festung Stolpen, die bekannteste Mätresse Augusts des Starken, Anna Constantia von Cosel. Sie war 84 Jahre alt geworden, 49 davon verbrachte sie streng bewacht in Arrest. Warum ihr August dieses Schicksal bestimmt hatte, wird wohl niemals mehr völlig aufzuhellen sein. Sicher aber spielten Intrigen einflußreicher Männer wie des Statthalters Fürst Anton Egon von Fürstenberg und des Generalfeldmarschalls und Kabinettsministers Graf Jacob Heinrich von Flemming eine wesentliche Rolle. Weiterhin war unbestritten ein Vertrag von Bedeutung, den die Cosel den König abgefordert hatte, mit dem er ihr zum gegebenen Zeitpunkt die Ehe, die Anerkennung der gezeugten Kinder und ein jährliches Salär in Höhe von 100 000 Talern versprochen hatte. Nicht zuletzt wirkten bestimmte politische Interessen mit – die allgemeine Situation um das Jahr 1713 herum ließ es wieder einmal geraten erscheinen, einer Mätresse polnischer Herkunft die Ehre zu geben.

Die ungewöhnlich lange Inhaftierung der schönen und klugen Frau hat nicht nur immer wieder Anteilnahme hervorgerufen, sondern auch häufig zu romantischen und phantasievollen Geschichten inspiriert, die mehr oder weniger mit der Wirklichkeit zu tun haben. Bis heute erzählt man sich oft den abenteuerlichen Vorgang, der zur Bekanntschaft zwischen ihr und August führte und das Liebesverhältnis auslöste. Nach einer Beschreibung des Freiherrn Karl Ludwig von Pöllnitz aus dem Jahr 1734 soll er sich folgendermaßen abgespielt haben.

Eines Tages habe der König eine Herrengesellschaft um sich versammelt gehabt, um sich mit ihnen beim Spiel Kurzweil zu verschaffen. »In einer von diesen Gesellschaften, da lauter Manns-Personen beysammen waren, fiele einmal ein Gespräch von Maitressen vor. Ein jeder erhub die seinige, und erzehlte Wunder von ihr. Der Herr von Hoymb, ein Cabinetts-Minister und Geheimder Rath, der sich mit in dieser Gesellschaft befand, sagte, er hätte gar keine Maitresse; wohl aber eine Gemahlin, die er so zärtlich als eine Maitresse liebte, und welche hundertmal schöner wäre, als alle diejenige, von denen man hier so viel Aufhebens gemacht hätte. Weil ihm der Wein den Kopff hitzig gemacht hatte, machte er von seiner Gemahlin eine so umständliche Abschilderung, als der beste Mahler nicht vermacht haben würde. Der König, der wohl wuste, daß er blos aus Eifersucht seine Gemahlin das Land hüten ließ, sagte zum, er könte gar nicht glauben, daß alles wahr wäre, was er hier erzehlt habe; er rede hier als ein Mann, der, weil er erst drey Jahre im Ehestand lebete, noch in seine Gemahlin verliebt wäre, und wenn die Madame von Hoym so schön und so vollkommen wäre, als wie er sage, würde sie unfehlbar mehr Aufsehen in der Welt gemacht haben. Der Fürst von Fürstenberg behauptete ebendieses, und fügte noch hinzu, er wolle tausend Dukaten darauf verwetten, daß die Madame von Hoym, wenn sie am Hof erschiene, nicht also befunden werden würde, wie sie ihr Gemahl beschrieben hätte. Der Herr von Hoymb gieng die Wette ein, und der König erbot sich den Ausschlag zu geben. Man nöthigte demnach den von Hoym an seine Gemahlin zu schreiben, daß sie sich ohne Verzug nach Dresden verfügen sollte.« Der Brief sei geschrieben und einem Kurier übergeben worden. Tags darauf wäre Anna Constantia von Hoym wie befohlen erschienen. Sofort hätte sich der König in die schöne Frau verliebt, und deren Karriere als Mätresse habe begonnen.

Dank der sorgfältigen Recherchen der Historiker kann der Sachverhalt so erzählt werden, wie er sich tatsächlich abspielte. Die Geschichte vom Beginn der Bekanntschaft zwischen dem König und seiner späteren Mätresse scheint nicht weniger bemerkenswert als die Mähr von der legendären Wette.

Die am 17. Oktober 1680 auf dem Gut Depenau in Holstein geborene Anna Constantia von Brockdorff versetzte als zweiundzwanzigjährige die häusliche Umgebung in Schmach und Aufregung. Die Unverheiratete aus gutem Haus war schwanger – ein unerhörter Vorgang. Reichlich ein Jahr nach der

Anna Constantia von Cosel.
Gemälde von Adám Mányoki. Um 1711.
Staatliche Kunstsammlungen Dresden,
Gemäldegalerie Alte Meister.

Geburt ihres Kindes tauchte aus Kursachsen ein Geheimer Rat Augusts von Polen auf und trug Constantia und ihren Eltern die Vermählung an. Der Sachse, Adolph Magnus von Hoym, war 12 Jahre älter als die Auserwählte, ziemlich beleibt und von kompliziertem Charakter. Dennoch, die nicht mehr jungfräuliche Constantia dürfte mit beiden Händen zugegriffen und frohen Herzens am 2. Juni 1703 die Hochzeit begangen haben.

Hoym nahm die junge Frau mit nach Dresden, mit mehr als 21 000 Einwohnern eine aufregend große Stadt. Platz fand sich im Haus des Schwiegervaters, des Kammerpräsidenten Hoym, in der Kreuzgasse. Sein Sohn, Adolph Magnus, genoß als Direktor des Generalakzisekollegiums selbstverständlich die Ehre, zu den geladenen Gästen des Königs und anderer Persönlichkeiten von Rang zu gehören. Die erste Zeit in Dresden verlief allerdings eintöniger, als Constantia es sich vorgestellt hatte. Interessante Einladungen blieben zunächst aus. An eine baldige Bekanntschaft mit dem großen Monarchen war nicht zu denken; der Hof schien wie ausgestorben. Neugierig war Constantia sehr, wie jener Herr aussah, von dem so viel Macht ausging, dessen Wirken man auf Schritt und Tritt in der Stadt spürte und von dem man sich erzählte, er habe ein weites Herz für das schöne Geschlecht. Einstweilen hatte sie sich über Hoym zu ärgern, den sie von Tag zu Tag weniger mochte.

Eine erste flüchtige Bekanntschaft zwischen August und Constantia kam anläßlich eines Essens zustande, das die Ehefrau des Königs, Christiane Eberhardine, ihrem Gemahl zu Ehren im Januar 1704 ausrichtete. Hoym und Ehefrau waren geladen. Weder der Ehemann noch sonst jemand sah sich veranlaßt, die junge Frau aus dem Holsteinschen dem König vorzustellen. Da nahm diese die Angelegenheit selbst in Angriff. Sie näherte sich dem Monarchen und musterte ihn verstohlen. Seine gesunde, natürliche Hautfarbe, die kräftige Statur und die beeindruckenden braunen Augen gefielen Constantia. So hatte sie sich auch äußerlich einen bedeutenden Herrn vorgestellt. Ihr Blick wurde nach und nach direkter, und als sie annehmen durfte, daß auch August sie wahrgenommen hatte, verneigte sie sich grüßend vor ihrem neuen Landesherrn. Der winkte sie zu sich heran. Die umstehende Hofgesellschaft nahm konsterniert zur Kenntnis, daß Madame Hoym sich selbst vorstellte. Die anschließende kleine Plauderei und den Austausch einiger Belanglosigkeiten neideten der Zugereisten nicht wenige der etablierten Damen. Nach ein paar Minuten schien Augusts Interesse erloschen; er wandte sich anderen Personen zu. Die Selbstvorstellung, das kurze Gespräch und die auffallende Schönheit der jungen Frau von Hoym regten kräftig den Klatsch und den Tratsch an.

Im feinen, auf vielfältige Weise verknüpften Gespinst der Hofintrigen war einer der Dreh- und Angelpunkte die Witwe eines hohen Offiziers, Gräfin Henriette Amalie Reuß. Ihr war die attraktive Frau an der Seite Hoyms schon im Sommer ins Auge gefallen. Auch die zwischen den Neuvermählten bald schon ausbrechenden Zwistigkeiten blieben ihr und einem eifrig zutragenden Fräulein Hülchen nicht verborgen. Sollte sich da nicht eine Mätresse für den König anbieten, die zugleich ihr, der Reuß, und ihrem Freund, dem Statthalter Fürstenberg, zugetan war? Emsig, mit vor Aufregung und kühnen Gedanken glühenden Wangen erörterten die Damen Reuß und Hülchen die Chancen. Man würde sehen, was zu machen war.

Vorerst baute die Gräfin Reuß den Kontakt zu Constantia auf. Die Zeit drängte ansonsten nicht sehr, denn August war seit Ende Januar nicht mehr in Dresden, sondern in Krakau. Frühling und Sommer des Jahres 1704 gingen ins Land, der Herbst kam, und noch immer weilte August in Polen. Eifrig wurden von den beiden verschworenen Damen Pläne geschmiedet, zur Umsetzung fehlte lediglich der König. Am 30. November verbreitete sich blitzartig endlich die langersehnte Nachricht, Seine Majestät sei wieder in Dresden. Nun schlugen nicht nur die Herzen der Gräfin Reuß und Fräulein Hülchens höher, nahezu die gesamte Damenwelt lebte auf. Die Reuß arrangierte für den 7. Dezember, einen Sonntag, einen Ball. Das Ehepaar Hoym lud sie persönlich dazu ein. Da sie verlauten ließ, auch der König werde anwesend sein, konnte die Einladung unter keinen Umständen ausgeschlagen werden. Hoym erteilte seine Zusage.

Constantia dachte den ganzen Sonntag über an den bevorstehenden schönen Abend. Sie freute sich auf hoffentlich geistvolle Gespräche, sie malte sich den luxuriösen Ball und das kulturvolle Dinner mit großem Vergnügen aus. Ihre Garderobe hatte sie mit aller Sorgfalt bestimmt und sich viel Zeit für das Ankleiden genommen. Nun, da der Abend nahte, waren noch ein paar letzte Handgriffe zu tun. Da wurde ihre frohe, entspannte Stimmung jäh unterbrochen. Beißender Brandgeruch drang aus dem Nebenraum in ihr Zimmer, und schon hörte sie die Flammen knistern. Wie sich später herausstellte, war eine brennende Wachskerze unbeaufsichtigt geblieben und hatte das Feuer entfacht. Im Haus und wenig später in der gesamten Kreuzgasse, bald auch in den angrenzenden Straßen, brachen Hektik und Angst aus. Zur Brandbekämpfung hatten zwar in allen Häusern Ledereimer bereitzustehen, aber man konnte damit nicht allzuviel ausrichten. Viele hatten schon erlebt, daß ganze Stadtteile abbrannten, gehört hatten alle schon davon. Entsprechend groß war die Panik. Jetzt waren Leute mit kühlem Kopf vonnöten, die einer möglichen Katastrophe wenigstens eine kluge Organisation der Löscharbeiten entgegensetzten.

Der Türmer blies aus Leibeskräften Feueralarm, die Brandglocken riefen die Bürger zum Löschen zusammen. Auch August, der vor dem Fest der Gräfin Reuß noch eine andere Verpflichtung wahrnahm, hörte die schlimme Botschaft. Schleunigst eilte er dem Rauch und dem sich am Himmel abzeichnenden Feuerschein entgegen. In der Kreuzgasse traf er nicht nur löschende Leute, auch aufgeregt gestikulierende, nichtstuende Personen und Schaulustige standen herum. Innerhalb der großen Menschenansammlung hob sich eine Person ab, die in dieser Katastrophensituation fast unwirklich erschien. In einem wundervollen Hofkleid agierte eine majestätisch wirkende Frau. Ihr wohlgebauter Körper und jede Bewegung drückten eine betörende Fülle von Anmut aus. Aus dem länglichen Gesicht blitzten schwarze Augen, die ein wenig in Unordnung geratenen dunklen Haare kontrastierten wirksam mit den strahlend weißen Zähnen. Von der Persönlichkeit dieser Frau, die mit fester Stimme die Brandbekämpfung ordnete, ging eine imponierende Energie aus. August drängte zu ihr hin. Man machte ihm Platz, und nun stand er neben ihr, der Frau seines Akzisedirektors Hoym. Im Augenblick erkannte sie den vornehm wirkenden Herrn nicht, dann jedoch erwies sie dem König die Ehren-

Schlafzimmer Augusts des Starken im Dresdener Schloß. Historische Aufnahme.

bezeugung. Nun endlich vernahm man die befehlenden Stimmen einiger erfahrener Männer, die versuchten, den Brand unter Kontrolle zu bekommen. Die Kutsche des Königs konnte davon rollen; im Fond saßen August und Constantia.

Was sich in der Staatskarosse für ein Gespräch ergab und ob der König sich bereits in der Kreuzgasse erinnert hatte, mit der jungen Frau vor Monaten eine erste Bekanntschaft geschlossen zu haben, muß dahingestellt bleiben. Einige Wochen nach dem Brand, dem das Wohnhaus der Hoyms zum Opfer fiel, ist es ganz offensichtlich, daß Augusts Interesse an der energischen und klugen Constantia zur Begierde geworden war. Zu diesem Zeitpunkt wurden Fürstenberg und der Stallmeister Vitzthum bei ihr mit dem geradlinigen Angebot des Königs vorstellig, dessen Mätresse zu werden. Die ablehnende Entrüstung Constantias war durchaus echt und kein Pokerspiel. Gut hundert Tage später jedoch öffnete sie dem Monarchen Herz und Leib und beschenkte ihn mit ihrer reichen Seele.

Nachdem sich Frau von Hoym ab Herbst des Jahres 1705 Reichsgräfin von Cosel nennen durfte, mit ihrem königlichen Liebhaber einen Ehevertrag ausgehandelt hatte und ihre eigene Ehe zu Beginn des Jahres 1706 als geschieden erklärt wurde, war sie überzeugt, einer großartigen Zukunft entgegen zu gehen. Tatsächlich wurde sie in den nächsten Jahren reichlich verwöhnt und belohnt, mit vier Kindern, mit Gut und Geld und vielen gemeinsamen Stunden bei Tag und bei Nacht mit dem großen Monarchen.

Eine schicksalsträchtige Bescherung brachte ihr der Weihnachtsabend im Jahr 1716. Diesmal saß sie erneut in einer Kutsche des Augusteischen Hofes. Die Fahrt führte freilich nicht zu einem Ball, und neben ihr saß auch nicht der König. Bewacht von einem kursächsischen Offizier ging es auf einen bedrohlich wirkenden, hoch in die Landschaft ragenden Basaltberg in Stolpen, auf dem sich ein Jahrhunderte altes Gemäuer erhob. Einen Weg zurück gab es für sie nicht mehr.

EINE GEBURTSTAGSÜBERRASCHUNG

»Magnifique, prächtig, herrlich!« Die Ausrufe der Bewunderung sprudelten nur so aus den Mündern der Leipziger Ratsherren. Was war geschehen, daß die im Rathaus versammelten sonst so kühlen Kaufleute, Juristen und andere Honoratioren so entzückte?

Verursachender des Freudenausbruchs war letztendlich August, unmittelbar jedoch dessen Oberlandvermesser Hans August Nienborg. Dieser hatte von ihm den Auftrag zur Durchführung kartographischer Arbeiten erhalten. Im Ergebnis waren zwischen 1707 und 1710 sieben Blätter entstanden, die Leipzig betrafen. Zusammengefaßt unter dem Titel »Description über die Grund=Legung und in richtigen Abriß gebrachte berühmte Handels=stadt Leipzig« waren alle Grundstücke sowohl der Stadt innerhalb der Mauern als auch aller Vorstädte exakt vermessen und im Maßstab zueinander aufgeführt. Zugleich hatte Oberlandvermesser Nienborg alle Hausbesitzer eingetragen. Für die Stadtverwaltung war das selbstverständlich eine willkommene Hilfe. Hatte schon dieses Arbeitsergebnis Freude hervorgerufen, so begeisterte man sich jetzt in der Amtsstube des schönen Leipziger Rathauses über eine kartographische Gesamtdarstellung der Stadt im Maßstab 1:20 000, die soeben – man schrieb das Jahr

1713 – aus der Offizin eines Jüngers der schwarzen Kunst geliefert worden war.

Der Rats- und Stadthauptmann Balthasar Faber erhob seine Stimme. Man solle doch sinnen, wie man dem Landesherrn während seines nächsten Besuches in der Nebenresidenz Leipzig danken und besonders erfreuen könne. Jawohl, scholl es, man könnte ein prächtiges Fest ausrichten oder eine vorzügliche Theatertruppe engagieren. Faber winkte ab. Er habe eigentlich mehr an ein originelles Geschenk gedacht, das bei passender Gelegenheit präsentiert werden und mit Leipzig verknüpft sein sollte. Da war guter Rat teuer. Was sollte dem anspruchsvollen Kurfürsten und Monarchen offeriert werden? Etwas von der Art der von August gesammelten Kunstgegenstände war zu teuer und unangebracht, aber vielleicht könnte man einen der tüchtigen Schreinermeister der Stadt beauftragen, ein mit viel Beiwerk versehenes Möbelstück zu tischlern? Das könnte man dann zu Augusts kommenden 44. Geburtstag im Leipziger Domizil aufstellen lassen? Nein, auch das ginge nicht so ohne weiteres, denn nachdem August vor einigen Jahren das Amelungesche Haus am Alten Markt verlassen und bei Andreas Dietrich Apel Quartier gemietet hätte, bestände ein Kontrakt für jährlich 2000 Taler. Diese Summe ziehe das Mobiliar mit ein, und man wolle Bruder Apel nicht schädigen. Außerdem könne man nicht sicher sein, ob man den Geschmack Augusts träfe, und originell sei der Vorschlag sowieso nicht. Für heute müsse man ohne ein

Ergebnis auseinandergehen. Die Herren mögen bitte die Angelegenheit weiter bedenken.

Einige Zeit später wurde der Obermeister der Fischerzunft in der Ratsstube vorstellig. Er habe gehört, man wolle seiner Durchlaucht, dem allergnädigsten Kurfürsten, eine Geburtstagsüberraschung bieten. Er und seine Zunftgenossen würden sich erlauben, dazu mit einem Vergnügen beizutragen, von dem man wisse, es würde dem Landesherrn sicher viel Kurzweil bereiten. Vor vielen Jahren sei der König in Venedig gewesen. Dort hätte er sich nicht nur an dem berühmten Karneval ergötzt, sondern auch an einer Veranstaltung, die man Fischerstechen nennen würde. Einen solchen Spaß solle man doch auch einmal dem König in Leipzig bereiten.

Im Rat bedachte man den Vorschlag. Offensichtlich hatte der Landesherr schon in jungen Jahren eine Vorliebe für Venedig. Die älteren Ratsherren erinnerten sich noch gut an eine gewisse Aufregung, als der im Januar 1693 vermählte Friedrich August kurz darauf die angetraute Christiane Eberhardine von Brandenburg-Bayreuth allein zurückließ und sich auf den Weg in die Lagunenstadt machte. Nach einigen Hin und Her unter den Ratsherren und eingedenk der Tatsache, daß es an weiteren Vorschlägen mangelte, war es beschlossen. Zu Augusts 44. Geburtstag am 12. Mai 1714 sollte er mit einem Fischerstechen überrascht werden. Die Wahrscheinlichkeit, daß der Landesherr um seinen Ehrentag herum in Leipzig weilen würde, war allgemein groß.

Im Mai fanden zumeist die Frühjahrsmessen statt, die August häufig besuchte.

Tatsächlich, im Mai begab er sich von Dresden aus mit der Extra-Post nach Leipzig. In neun Fahrstunden war das Ziel erreicht. Am Morgen seines Geburtstages, nach artigen Reden und einigen Geschenken, bat man den König an die Ufer der Pleiße. Für das Fischerstechen hatte ein Leipziger Kaufmann die Mühe und Kosten auf sich genommen, Gondoliere aus Venedig zu holen. Diese wie auch die Angehörigen der Fischerzunft waren besonders festlich gekleidet. Einige Jahre nach dem hier zu erzählenden Ereignis beschrieb der Chronist Iccander das Aussehen der Leipziger Fischer an diesem Tag als »gantz weis gekleidet, mit blau und gelben Bändern gezieret, tragen Blumen=Kräntze mit eben dergleichen Couleur Bändern umwunden, an welchen vorne an der Stirn sich ein vergoldet Schild mit den Buchstaben A. R. und über solchen eine Crone praesentiret. Die Fahne ist ein Bunt gesticktes Netz, in welchen 2. übereinander creutzweis-gelegte Fische zum Wappen zu sehen«.

Von dem festlichen Aufzug der Fischer war August überrascht und neugierig zugleich, was das bedeuten sollte. Inzwischen waren ein Dutzend leichter und langer Boote auf der Pleiße erschienen. Jeweils im hinteren Teil saß ein rudernder Gondoliere, an der Spitze stand ein Fischer. Jeder der Fischer in den Booten hatte sich mit einer langen Stange ausgerüstet, die an einem Ende mit einer Holzscheibe oder einem Stoffballen versehen war.

Diese Art der Ausrüstung erinnerte an die von August geschätzten historischen Ritterturniere. Was sich jetzt hier abspielte, empfand er als nicht minder spannend und aufregend. Dazu hatte der Vorgang seine heiteren Seiten. Auf ein Signal des Obermeisters fuhren die Boote mit maximal erreichbarer Geschwindigkeit paarweise aufeinander zu. Kurz vor dem frontalen Zusammenstoß versuchte jeder Ruderer das Schiff so herumzureißen, daß es seitlich zu dem des Kontrahenten stand. Blitzschnell versetzte dann der mit der Stange ausgerüstete Fischer dem Rivalen im anderen Boot einen Stoß. Wenn er traf, fiel in aller Regel der Getroffene in das Wasser, und damit war der Kampf beendet. Der Sieger wartete, bis der Kampf zwischen allen Bootspaaren entschieden war. Dann ging es in die nächste Runde, bis schließlich eine Besatzung als Gesamtsiegerpaar übrig blieb.

Die Fischer auf der Pleiße gaben sich zwar redlich Mühe, ihre Aufgabe überzeugend zu bewältigen, aber zumeist ging nicht einer, sondern beide Kämpfer zugleich über Bord. Die Gondoliere halfen ihnen rasch wieder aus dem Wasser heraus, und wer zuerst stand und die Stange wieder in der Hand hatte, setzte erneut zum Stoß an. Das erfolgte selbst dann, wenn die andere Partei noch nicht voll aktionsfähig war. Die gegenseitigen Schlachtrufe, die Anfeuerungen durch die schaulustigen Leipziger Bürger und die im Boot oder im Wasser zappelnden Kerls machten dem Landesherrn großes Vergnügen, so wie es der Obermeister der Fischerzunft prophezeit hatte. Nach Abschluß der Kampfhandlungen winkte August huldvoll dem Sieger zu, der aus der Hand des Bürgermeisters ein Geschenk entgegennehmen durfte.

Um die heitere Stimmung Augusts noch zu steigern, beließ man es nicht beim Fischerstechen. Auf dem Wasser kam es noch zum »Bäuerlein herunterfahren«, am Ufer zu einer Art Volkstanz. Was die Belustigung auf der Pleiße anbelangte, so verbarg sich dahinter ein Ulk mit jungen Ehepaaren aus dem Bauernstand. Die Paare hatten die Enden eines quer über das Boot gelegten Brettes zu besteigen. Schon dieser Vorgang gab Anlaß zum Gelächter, weil das eine kipplige Sache war und ohne Sturz in das Wasser kaum ablief. Waren die Positionen endlich sicher eingenommen, schaukelte ein im Boot sitzender Fischer das Gefährt so lange, bis das Paar ins Wasser fiel. Diejenigen Bauersleute, die am längsten standhaft blieben, galten als Sieger.

Der das Fest abschließende Tanz vor den Augen des Landesherrn sollte nun unbedingt auch noch lustig wirken. Um das zu gewährleisten, waren die Akteure zuvor in das »Goldene Posthorn« geladen worden. In diesem Gasthaus stand ein frisch angezapftes Fäßchen bereit. Mit dem Inhalt wurden die Tänzer und Tänzerinnen in die notwendige Stimmung gebracht. Bei einigen hatte man sich übrigens im Maß so versehen, daß sie leider vor ihrem Auftritt aussortiert werden mußten.

Ein wahrhaftig vergnügliches Erlebnis! August imponierte die Überraschung so sehr, daß er gnädig das Privileg ausstellte, fortan jeweils an seinem Geburtstag in Leipzig ein Fischerstechen stattfinden zu lassen. Die Ratsherren waren mit sich zufrieden, und natürlich sorgten sie dafür, daß die Fischer das Privileg wahrnahmen.

Schon bald war das Fischerstechen zu einer beliebten Tradition geworden. Freilich, einige Jahrzehnte nach Augusts 44. Geburtstag wählte man dafür nicht mehr den 12. Mai, sondern legte das Fest auf den 3. August. Im Mai war das Wasser der Leipziger Pleiße eben doch noch zu kalt.

DAS NACKTE ENTSETZEN

An einem noch recht kalten Frühlingstag des Jahres 1714 brachte eine gut zwanzigjährige Frau von Adel ihre alte Kammerzofe außer Atem. Diese hatte bereits eine Reihe von Jahrzehnten bei allen möglichen Damen in Dienst gestanden, manchen Schweißtropfen in den merkwürdigsten Situationen vergossen und vielerlei Aufregungen erlebt. Was sich aber heute nun schon seit einigen Stunden abspielte, war ihr bisher noch nicht untergekommen. Ihre Herrin, Maria Magdalena von Dönhoff, seit etwa einem dreiviertel Jahr die offizielle Mätresse Augusts, hatte es sich in den Kopf gesetzt, sich heute dem König und nicht minder dessen Gästen besonders eindrucksvoll zu präsentieren. Es war nämlich Courtag angesagt, also ein Empfang, eine Assemblee des Hofes. Als courfähig und damit zum Erscheinen verpflichtet galten nicht nur die in der Residenz tätigen bzw. weilenden »Cavaliers« samt Ehefrauen und erwachsenen Töchtern, sondern auch die vornehmsten Standespersonen außerhalb des Hofes. Entsprechend groß würde also die Zahl der versammelten Gäste sein. Sie, die nunmehr von ihrem Ehemann Graf Bogislav Ernst von Dönhoff Geschiedene, war ebenfalls höchst offiziell geladen. Freilich war ihr bewußt, daß August, der anders als bei seinen bisherigen Mätressen nicht von Anfang

*Maria Magdalena Gräfin Dönhoff.
Gemälde von Adám Mányoki.
Staatliche Kunstsammlungen Warschau.*

an Feuer und Flamme für sie gewesen war, sie auch jetzt noch nicht vor dem großen Publikum an seiner Seite haben wollte. Möglicherweise, so hatte sie überlegt, hing das mit der außergewöhnlichen Schönheit ihrer Vorgängerin, der Constantia von

Cosel, zusammen. Auch wenn die Cosel dreizehn Jahre älter war und nicht mehr den Schmelz einer Zwanzigjährigen hatte, attraktiv war sie noch immer. Sie, die Gräfin Dönhoff, konnte zwar bei August durchsetzen, daß die Verflossene aus Dresden fort mußte, bevor sie selbst die Stadt betrat. Aber durfte sie sich dennoch sicher sein, der König würde die Trennung nicht bereuen? Wie dem auch sei, heute Abend stand ein festlicher Empfang mit großer Öffentlichkeit bevor, sie würde gegenwärtig sein und alles aufbieten, um als neuer Stern die Vergangenheit zu überstrahlen.

Nervös und erschöpft von dem ewig sich hinziehenden Anprobieren, vom Anpassen der Zutaten und vom ständigen Suchen nach bestimmten Dingen war die Zofe jetzt mit dem letzten Akt, gewissermaßen dem Höhepunkt, beschäftigt. Es ging um das Installieren der Fontange, um das Anbringen einer Art Haube auf das Haar der Gräfin. Eifrig schwatzte die Dönhoff auf ihren dienstbaren Geist ein, unentwegt hatte sie etwas zu bemängeln und zu beklagen. Zum wiederholten Male mußte die Kammerzofe vernehmen, die Fontange sei die Krönung des Kostüms. Immerhin habe das schon einen anderen großen Monarchen, Ludwig XIV., vor Zeiten tief beeindruckt. Dieser sei einstmals mit seiner Geliebten, der Marie-Angélique de Scoraille, Madame de Fontanges, auf der Jagd gewesen. Wegen der allzu großen Hitze habe diese sich ein Gebilde aus Zweigen, Laub und grünen Blättern auf das Haupt getürmt, was beim König Approbation und Lob gefunden habe. Hernach sei es von anderen Damen aufgegriffen und zur Mode gemacht worden. Madame de Fontanges hätte im tiefen Wald Geschick genug gehabt, nur mit Zweigen etwas dem König Imponierendes zu fertigen. Die Kammerzofe, so schalt die Dönhoff, habe ein fast komplettes hochmodisches Erzeugnis zur Verfügung, und dennoch würde sie in ihrem Ungeschick damit nicht zuwege kommen. Entweder saß die Haube nicht an der rechten Stelle, kam bei jeder Kopfwendung ins Rutschen, oder die schmückenden mehrfarbigen Bänder gefielen nicht und mußten wieder und wieder ausgewechselt werden. Üblicherweise wäre das Aufstecken der Fontange von einem Perückenmacher zu erledigen gewesen. Daß der Fachmann nicht rechtzeitig zur Verfügung stehen konnte, war möglicherweise ein Indiz dafür, wie spontan sich die Dönhoff entschlossen hatte, mit dem Kopfputz August und der Festversammlung zu imponieren.

Endlich war die Gräfin einigermaßen zufrieden. Inzwischen war es hohe Zeit zum Aufbruch geworden. Eiligst legte sich die Dönhoff noch die von August erhaltenen Schmuckstücke um und stolzierte dann mit vorsichtigen Bewegungen zur bereitstehenden Kutsche. Mehrspännig ging es nun einem Abenteuer entgegen, das sie ihr Leben lang nicht wieder vergessen haben wird.

August war an diesem Abend keiner guten Stimmung. Eher mürrisch und nervös als mit königlicher Noblesse nahm er die salbungsvollen Huldigungen der Anwesenden entgegen. Es fiel ihm sichtlich schwer, auf das Palaver der Damen und Herren des Adels einzugehen und seine Aufmerksamkeit angemessen zu verteilen. Selbst wenn ihm der eine oder andere eine wichtige Mitteilung zu machen hatte, erhöhte das nicht sonderlich seine Konzentration. Tausend verschiedene Dinge gingen durch seinen Kopf. Viele davon verband er mit Erinnerungen an die Cosel. Daneben bewegten ihn Fragen der großen Politik, aber auch simpelste Alltäglichkeiten wie die Ausstattung des königlichen Palais. Wenn er sich eine Reihe seiner Gäste ansah, dann sollte er wohl doch im Schloß eine bequeme Transportart für die inkommodierten Herrschaften ausbauen!? Ein ausgeklügeltes mechanisches System brachte es zuwege, unter Einbeziehung von Gewichten und mit Rädern versehenen Sesseln das Treppensteigen zu ersparen. Zumindest galt das für die Verbindung einiger der vielen Räume. Dennoch, so sehr diese moderne Verrichtung wohl auf das Gefallen der Betagten und Gebrechlichen stieß, irgendwie paßte es ihm nicht zur Würde am Hofe. Überhaupt hatte er so seine Vorbehalte gegenüber dem Neumodischen. Gewiß imponierte den Herren Ministern die Considenz-Tafel sehr, die ihm der Modellmeister Gärtner an das Herz gelegt hatte. Ohne Zweifel ist es beeindruckend, wenn ein Konferenztisch plötzlich im sich öffnenden Fußboden verschwindet und stattdessen eine gedeckte Tafel aus dem unteren Geschoß wie von Zauberhand bewegt nach oben schwebt. Doch was für eine Menge Taler verschlingt eine solche Spielerei! Alle tun so, als hätte er wahrhaftig einen Goldmacher beschäftigt, so daß man sich jede Neuerung und alle Vergnügungen leisten kann.

Hatte August beim Bedenken des Sessellifts noch eher spöttisch denn sorgenvoll dahergeblickt, so verdüsterte sich beim Thema Goldmacher sein Blick. Der Zufall wollte es, daß just in diesem Moment die Dönhoff vor ihrem König auftauchte und vor ihm in einen tiefen Hofknicks versank. Was sie am Leibe trug, hatte ihn, August, einiges an Geld gekostet. Gequält erwiderte er ihr Lächeln. Was für einen geradezu lächerlichen, vollkommen aus der Mode geratenen Kopfputz sie heute zur Schau stellte. Eigentlich konnte die Dönhoff ihrer Vorgängerin auch hinsichtlich des gefälligen Geschmacks und der modischen Aktualität nicht das Wasser reichen. Leider waren das nicht die einzigen Unterschiede von Belang. Auf reichhaltige Geschenke war die Cosel auch bedacht gewesen, doch sie war klug dazu und gab ihm manchen wertvollen Ratschlag. Aber sie war ihm eigentlich zu klug und so fordernd geworden, daß es geraten schien, sich von ihr zu trennen. Die aufgetakelte Dönhoff glaubte sich nun völlig an ihrer Stelle, und offiziell galt sie auch als die neue Mätresse. So recht glücklich war er dabei nicht, innerlich hing er zu einem gut Teil immer noch an Anna Constantia.

Während der König seinen Gedanken nachhing, lief das Fest auf vollen Touren. Die Gäste waren allerbester Stimmung. Sie hatten reichlich gespeist, die Neuigkeiten ausgetauscht und sich genüßlich dem Hofklatsch zugewandt. Die Pagen reichten Getränke auf silbernen Tabletts, Wein und süße Liköre in allen erdenklichen Farben. Die Musikanten gaben sich vergeblich Mühe, das Stimmengewirr zu übertönen. Unüberhörbar war vor allem das wohlgefällige Lachen der Gräfin Dönhoff. Ihre beim Herausputzen aufgebrachte Mühe, so schien es, hatte sich gelohnt. Die Damen tuschelten wohl neidvoll über ihren Aufzug, von manchen Kavalieren empfing sie Blicke, die sie als Bewunderung deutete. Alles schien wie gewünscht zu verlaufen – auch August hatte sie schon angelächelt.

Plötzlich ein spitzer Schrei des Erschreckens. Der König hatte sich erhoben, war mit einigen festen Schritten auf seine Mätresse zugegangen und hatte ihr mit einer schnellen Handbewegung die Fontange vom Haupt gestoßen. Als ob sie fortan kahlköpfig sei und das vor der Welt zu verbergen habe, hatte die aufschreiende Gräfin beide Hände schützend um ihren Kopf gelegt. Fast schämte sie sich ihres unbeherrschten Stimmausbruchs wegen. Seine Majestät konnte doch nur einen Scherz gemacht haben. Schon wollte sie versöhnlich lächeln, da griff August erneut nach ihr. Diesmal riß er mit einem kräftigen Ruck das Manteau, das Aufsteck-Kleid, von ihrem Leib. Nun aber war der Dönhoff das blanke Entsetzen in das Gesicht geschrieben. Nicht etwa, weil sie jetzt lediglich in dem zum Rücken hin weniger attraktiven Mieder und Rock dastand, sondern weil soeben vom König höchstpersönlich ein für ihn bestimmtes Kunstwerk zerstört worden war. Wie viele Mühe hatten sie und die Zofe aufgewendet, um das Gebilde aus kostbarem Stoff in raffinierte Falten zu legen, goldene Spitzen und mit Blei beschwerte Fransen anzubringen und schließlich bestimmte Teile mit Papier zu versteifen! Gerade wollte sie aufkreischend ihren Ärger und Protest kundtun, da stieß August ein Gebrüll aus, das einem Löwen alle Ehre gemacht hätte. Die Musikanten unterbrachen jäh ihre Darbietung, das Dienstpersonal erstarrte zu Salzsäulen, und die Kavaliere mit ihren Damen traten erschrocken ein paar Schritte von August weg. Dieser gebärdete sich so, als sei er seiner Sinne nicht mehr Herr. Mit unverständlichen Zornesausrufen ging er erneut auf die Dönhoff los. Jetzt war der Rock an der Reihe und alles darunter befindliche dazu. Die abgerissenen Sachen wurden auf den Fußboden geschleudert. Der mit Streifen aus Fischbein aufgeblähte Reifrock bekam wütende Tritte. Doch auch mit dem in Grund und Boden gestampften Rock war der Zorn des Königs noch nicht verrauscht. Nun ging es auch noch an das Mieder der in Tränen zerfließenden, halbnackten Gräfin. Erst als diese keinen Fetzen mehr am Leib hatte, hörte Augusts Raserei auf. Fast erschrocken blickte er sich um, verschloß seinen schwer atmenden Mund und verließ den Saal.

Am ganzen Leibe zitternd stand die fassungslose Gräfin Dönhoff splitternackt und mit entsetzt aufgerissenen Augen vor der gaffenden Festversammlung. Auch hier war man wie gelähmt. Nicht einmal ein Fächer wurde der Mätresse gereicht, damit sie wenigstens notdürftig ihre Blöße verdecken konnte. Endlich hatten sich einige Damen gefaßt und stellten sich schützend vor ihr auf. Umgeben mit dieser Dameneskorte verließ sie den Raum. Für Maria Magdalena von Dönhoff dürfte der Schock auf lange Zeit unverkraftbar gewesen sein.

August hat sich offensichtlich zu dem Vorgang niemals geäußert. So bleibt es bei Vermutungen, was ihn zu der Entkleidungsszene bewegt hat. Eigentlich, so meinte man bei Hofe, kann es sich nur um Zauberei gehandelt haben, die von der vorangegangenen Mätresse, der Cosel, ausging. Die Meinung wurde natürlich ernst genommen. Ein Ermittlungsverfahren lief an und kam aber bald wieder zum Erliegen.

DER LEIBBARBIER UND SEIN KÖNIG

Einer allgemeinen Mode folgend, war auch August nicht frei von der Versuchung, sich zum Erhalt der Gesundheit zur Ader zu lassen. Wenn das geschehen sollte, dann hatte einer seiner Leibärzte den günstigsten Zeitpunkt zu bestimmen. Dieser hing nicht nur vom körperlichen und vom Gemütszustand des Königs ab, sondern auch von einer Reihe äußerer Umstände. Als einen solchen wesentlichen Faktor nannten alle zeitgenössischen Kompendien die Notwendigkeit, man müsse sich »nach derjenigen Zeit richten, in welcher die Natur insonderheit zu einer solchen Excretion incliniret, und es gerne siehet, daß ihr vom Geblüt etwas abgenommen werde. Nun findet man, daß beym Zunehmen des Mondes die Natur auff die Vermehrung und Erhaltung der Feuchtigkeiten bedacht sey: wie denn auch alle Kräuter und Bäume zu solcher Zeit am safftigsten sind: Dannenhero ist es der Natur gemässer, daß das Aderlassen bey abnehmenden Monden, wenn die Humores ohne dem in etwas abnehmen, vorgenommen werden.«

Die Ausführung der Prozedur war dem Leibbarbier vorbehalten. Während Augusts letztem Lebensabschnitt war das der Balneator Johann Friedrich Weiß, der zuvor über sieben Jahre eine Barbierstube betrieben und im Besitz der chirurgi-

*Mosaikbildnis Augusts des Starken
im Alter von etwa 55 Jahren.
Staatliche Kunstsammlungen Dresden, Grünes Gewölbe.*

schen Gerechtigkeit war, also kleine chirurgische Arbeiten ausführen durfte. Dieses Privileg ging auf einen Erlaß des Augsburger Reichstags von 1548 zurück, nach dem Bader und Wundärzte unter bestimmten Bedingungen gleichgestellt worden waren.

An einem Tag im Spätherbst 1726 war August so leutselig, sich von Meister Weiß in ein Gespräch verwickeln zu lassen. Der Barbier hatte dezent seine Sorge artikuliert, daß Ew. Majestät nicht mehr ganz so stark am Körper sei. Mit diesem Hinweis hatte Weiß nur allzu recht, denn der einstmals zweieinhalb Zentner schwere König hatte zum Gesprächszeitpunkt etwas mehr als einen Zentner an Gewicht verloren. Ja, klagte August, es wären vornehmlich die argen Schmerzen im linken Fuß, die ihm die Lust am Essen und Trinken raubten. Vor ein paar Jahrzehnten sei ein Sturz vom Pferd übel ausgegangen, eine Zehe wäre malträtiert worden. Immer schon habe ihn seither dieses Malheur geplagt. Nun aber sei die kaputte Zehe geschwollen und entzündet, der Schmerz im Fuß würde ihm den Schlaf nehmen und ihn zu Schweißausbrüchen treiben.

Bader Weiß riet zum Aderlaß. Wenn ein Teil des Fußes geschwollen und rot angelaufen wäre, müsse es doch Erleichterung bringen, ein wenig Blut abzuzapfen. Wort- und kenntnisreich bemühte er sich, August von seinem Vorschlag zu überzeugen. Jetzt sei abnehmender Mond. Der schmerzende Fuß würde bei dem Aderlaß nicht im geringsten berührt werden, nicht einmal das Bein. Es wäre eine alte Erfahrung, die Öffnung für das Geblüt am besten so weit weg wie möglich von der Stelle anzubringen, an der das zu kurierende Leiden wäre. Bei Ew. Majestät könnte man also die Ader am rechten Arm öffnen. Damit das Blut rasch flösse, müsse der König nicht die sonst üblichen Anstrengungen unternehmen, um vor dem Aderlaß außer Atem zu kommen. Auch einige in Ruhe getrunkene Schälchen Kaffee oder Tee verdünnten das Blut so weit, daß es gut abginge. Und wenn der König Bedenken hätte, ihm könne – pardon – wegen seiner heute nicht ganz so kräftigen Konstitution übel werden, so wisse er auch für diesen Fall ein erprobtes Mittel. Wenn man ein Quentchen Essig oder Salz in den Mund nähme, wäre keine Ohnmacht zu befürchten. Noch viel ungefährlicher sei es allerdings, man verzichte auf das Anritzen einer Ader und bediene sich einer anderen Methode.

Interessiert horchte August auf. Was habe er da gesagt? Wie könne man das Geblüt ablassen, ohne die Ader zu verletzen? Durch das Interesse seines Herrn beflügelt und geschmeichelt, berichtete nun Weiß davon, daß er früher brave Bürgersleute mit dem Schröpfeisen bearbeitet habe. Durch das Aufritzen der Haut sei das Blut aus dem darunter liegenden Fleisch und nicht aus einer Ader hervorgequollen. Das Schröpfen sei jedoch für höhergestellte Herren nicht fein genug, beruhigte er den König, der beim Erwähnen der ihm geläufigen Methode angewidert den Mund verzogen hatte. Nein, er habe etwas im Auge, das nicht so grob wäre. Er denke an eine Evacuation, die man nur mit Hilfe der Natur ausüben würde und die damit wohl gottgewollt sei. Im klaren Wasser der Flüsse gäbe es in Hülle und Fülle Blutegel. Würde man einige holen und ein wenig hungern lassen, dann zögen sie im Handumdrehen über die Haut genügend Blut aus dem Körper. Aber, wandte August ein, was wäre, falls sie nicht wieder vom Körper abließen? Das könnte doch den Ruin bedeuten. Auch damit hatte der Barbier seine Erfahrungen. Entweder fielen die Blutegel von allein ab, nachdem sie sich vollgesaugt haben, oder man besprengte sie mit Salzwasser. Dann ließen sie auf jeden Fall ab. So könnte man sogar erreichen, daß sie das Blut wieder von sich gäben, und es wäre eine Kontrolle über die Menge des abgezapften Lebenssaftes möglich. Dazu müßte man die Blutegel, nachdem sie das Saugen eingestellt hätten, rasch in eine Schüssel werfen und mit einer Prise Salz bestreuen.

August ließ sich nicht von seinem Leibbarbier zu einem Experiment mit den Blutegeln überreden. Auch auf den Aderlaß verzichtete er; er hoffte auf die Kunst der Ärzte und ihrer Medikamente. Den ganzen Monat November hindurch versuchten diese ihr Glück mittels oft bewährter Tinkturen, die sie wechselseitig auf die kranke Zehe auftrugen. Zeitweilig geringfügige Linderung des Leidens brachten zwei Mittel, die nach alten Rezeptbüchern frisch zubereitet wurden. Die Rezeptur verlautete so:

Nimm brosam von weißbrot in geyßmilch gesotten / vj. lot
Rosenöl / Camillen öl jedes vier lot /
Drey eyer dotter /
Seüd die öl mit der brosam wol / biß sy das öl garnahe verschlindet / rhür die eyerdotter darunder / biß das es zu einem pflaster werde / das du es

auffstreichen mögst / das leg uff das schmerzhafftig ort / wolt es dir aber nit nach deinem gfallen geraten / so magst du nechstfuolgendes brauchen / das bereyt also.

Nimm der brü darinn Bappelbletter oder Violkraut gesotten seind / oder der brü von hammelfleysch oder dergleichen gsotten / als vil du wilt / laß brosam von brot darin erweychen / und seüds wie droben gesagt / aber zu disem soltu ein wenig Saffran vermischen / deßgleichen auch in das vorig / was es dich gut duncket.

So oft und so gewissenhaft man diese und andere Arzeneien auch zubereitete, ein durchschlagender Erfolg stellte sich nicht ein. Im Dezember 1726 war die entzündete Zehe als solche kaum noch zu erkennen. Ihr schwarzes Aussehen zeigte den inzwischen eingetretenen Brand an. Vermutlich spielte bei den erfolglosen Heilungsversuchen die Erkrankung des Königs an Diabetes mellitus, an Zucker, eine Rolle. Damals jedoch standen Augusts Leibärzte ziemlich ratlos um den vor Schmerzen gebeutelten Patienten herum, der sich dem Tode nahe glaubte. Alle ihre Hoffnungen auf eine baldige Besserung setzten sie auf Monsieur Dr. Jean Louis Petit, eine – mit allen Ehren versehene – medizinische Berühmtheit aus Frankreichs Hauptstadt. Tagelang hielt die Dienerschaft weit vor den Toren Białystoks nach der Kutsche Aussicht, die aus Paris mit dem Arzt eintreffen sollte. Innerhalb der Mauern der Stadt, im Schloß des Fürsten Czartoryski, war wegen der Beschwerden des Königs die Rückfahrt vom Landtag in Grodno nach Warschau unterbrochen worden. Noch nicht einmal die Hälfte der wegen der gesundheitlichen Probleme zuvor wohlbedachten Reise konnte also zurückgelegt werden. Als am Sylvesterabend Dr. Petit immer noch nicht zur Stelle war und die anwesenden Leibärzte fast in Lethargie versanken, beschloß der Balneator Weiß, am nächsten Morgen auf eigene Faust zu handeln. Als Barbier, der früher mit einigermaßen Erfolg die niedere Chirurgie ausgeübt hatte, war von ihm klar erkannt worden, daß jetzt nur noch die Amputation helfen konnte. Wie sollte er aber davon seinen König überzeugen? Nach langen Zweifeln und Bedenken der Risiken für den Operateur und den Patienten entschloß sich der Barbier, dem König sein Vorhaben nicht mitzuteilen.

Der Neujahrsmorgen 1727 war heraufgedämmert. Schon seit Stunden befand sich Weiß in der Schloßküche, um sein Operationsbesteck sorgfältig zu präparieren. Vor allem aber beschäftigte er sich mit dem notwendigen Narkosemittel, das August unauffällig verabreicht werden mußte. Letztlich fiel seine Wahl auf Theriak. Dieses als ein Universalmittel gehandhabte Medikament enthielt zuweilen bis zu 100 Ingredienzien, darunter auch Opium. Es war nicht unüblich, die wirksamen Bestandteile mit Honig zu einem Brei zu verrühren. Insofern konnte der Barbier eine größere Menge Opium einbringen, ohne daß beim Einnehmen durch den Patienten der scharfe und bittere Geschmack durchschlug.

Ohne Mißtrauen zu hegen, hatte August zur Kenntnis genommen, man wolle sich gründlich des Zehes annehmen. Die von den Leibärzten übergebene opiumhaltige Medizin schluckte er brav hinunter. Nach gut einer Stunde wurde der König zunächst deutlich erregt, kam ins Schwitzen und fiel schließlich in den Schlaf der Betäubung. Nun ging der Barbier an die Amputation. Ob er selbst zuvor ein Beruhigungsmittel eingenommen hatte, muß dahingestellt bleiben. Jedenfalls verlief die Operation anfangs ohne irgendwelche Besonderheiten. Plötzlich jedoch trieb es dem Barbier den Angstschweiß auf die Stirn. August hatte einige murmelnde Geräusche von sich gegeben und die Augen aufgeschlagen. Sein Blick traf Meister Weiß wie der Blitz aus heiterem Himmel. Um alles in der Welt, was war jetzt zu tun? Verdattert stand der Barbier mit dem blutbefleckten Messer in der Hand vor seinem Herrn. Doch bevor Weiß ein erklärendes Wort formulieren mußte, war das Unheil vorüber – August entschwand zurück in Morpheus' Arme.

Das Donnerwetter kam tags darauf. Beim Wechseln des Verbandes inspizierte August wie stets den Zustand seiner Zehe. Was für ein Schock für ihn, als er zwischen dem großen und mittleren Zeh nicht mehr ein häßliches Etwas, sondern eine Lücke erblickte. Welch einen Frevel hatte man sich erlaubt, ein Stück des königlichen Körpers zu liquidieren! Die Leibärzte hielten sich aus der nun folgenden Debatte heraus. Dem mutigen Barbier blieb es vorbehalten, seinem König die Überzeugung einzugeben, die

*Sarkophag Augusts des Starken (im Hintergrund)
in der Kathedrale im Wawel zu Krakau.*

vollzogene Operation wäre lebensrettend gewesen. Natürlich bedurfte das noch der Bestätigung durch den am 19. Januar nach langer und beschwerlicher Fahrt aus Paris eingetroffenen Spezialisten. Dr. Petit gab nach Kenntnisnahme des Sachverhalts dem Barbier recht. Die Majestätsbeleidigung war verziehen. Als Ausdruck seiner Gnade verfügte August, der Leibbarbier möge ein Geschenk von 1200 Talern erhalten.

Im Februar 1727 konnte die Reise nach Warschau fortgesetzt werden. Der beherzten Tat des wackeren Barbiers Weiß ist es wohl zu danken, daß August noch sechs Lebensjahre beschieden waren. In den frühen Morgenstunden des 1. Februar 1733 verstarb er. Im Wawel zu Krakau, der letzten Ruhestätte polnischer Könige, wurde der Sachse beigesetzt.

QUELLENVERZEICHNIS

Arnold, E.: August der Starke, sein Leben und Lieben. – Stuttgart, o. J.

Aschenborn, P. O.: Aus den Memoiren der Gräfin Aurora von Königsmarck. – Berlin, o. J.

Beschorner, H.: Augusts des Starken Leiden und Sterben. – In: Neues Archiv für sächsische Geschichte u. Altertumskunde. – Bd. 58 (1937). – S. 48–84

Burg, P.: Die schöne Gräfin Königsmarck. – Braunschweig, 1919

Czok, K.: August der Starke und Kursachsen. – Leipzig, 1987

Czok, K.: Am Hofe Augusts des Starken. – Leipzig, 1989

Delau, R., Böhme, H.-L.: August der Starke. Bilder einer Zeit. – Halle a. d. S., Leipzig, 1989

Fassmann, D.: Das glorwürdigste Leben und Thaten Friedrich Augusti des Großen. – Hamburg; Frankfurt am Main, 1733

Glaser, Chr.: Neu-eröffnete Chymische Artzney- und Werck-Schul. – Nürnberg, 1677. – Neudruck Leipzig, 1988

Gurlitt, C.: August der Starke. Ein Fürstenleben aus der Zeit des deutschen Barock. – 2 Bde. – Dresden, 1924

Haake, P.: König August der Starke. – München, Berlin, 1902
Hoffmann, G.: Constantia von Cosel und August der Starke. – Bergisch-Gladbach, 1984
Knoop, M.: Kurfürstin Sophie von Hannover. – Hildesheim, 1964
Leipziger Post- und Ordinar Zeitung. – Jge. 1693 ff.
Pomet, P.: Der aufrichtige Materialist und Specerey-Händler. – Leipzig, 1717. – Neudruck Leipzig, 1986
Pönicke, H.: August der Starke. Ein Fürst des Barock. – Göttingen, 1972
Rohr, J. B. von: Einleitung zur Ceremoniel-Wissenschafft der grossen Herren. – Berlin 1733. – Neudruck Leipzig, 1990
Schreiber, H.: August der Starke: Leben und Lieben im deutschen Barock. – München, 1981
Vehse, E.: Geschichte der Höfe des Hauses Sachsen. – Hamburg, 1854

BILDNACHWEIS

Beyer, Klaus G., Weimar 80
Reinhold, Gerhard, Mölkau, Schutzumschlagmotiv
Sächsische Landesbibliothek Dresden, Abteilung Deutsche Fotothek
9, 10 (Audrich); 17; 26 (Möbius); 34, 41, 47, 55, 60, 71; 87 (Starke)
Staatliche Kunstsammlungen Dresden, Fotoabteilung
28 (Schurz)